哲学的本意是爱智慧
师道的真谛是爱学生

# 哲学与师道

—— 李连江 编

当代世界出版社
THE CONTEMPORARY WORLD PRESS

# 目 录

车铭洲<sup>*</sup>

# 凡学之道，严师为难

> "自我实现者无一例外都献身于一项身外的事业，某种他自身以外的东西。他们专心致志地从事某项工作，某项他们非常珍视的事业——按旧的说法或宗教的说法即天命或天职。"
>
> ——马斯洛（A. H. Maslow）

1957 年至 1962 年我在北京大学哲学系哲学专业读书，毕业后即来南开大学任教，在哲学系讲授西方哲学。我决心努力工作，争取成为一名好教师，不辜负党和人民的培养，不辜负南开大学领导的信任。就是以这

* 车铭洲，山东宁津人，1936—2021。1962 年毕业于北京大学哲学系，同年开始在南开大学哲学系任教。著有《西欧中世纪哲学概论》《现代西方五大哲学思潮》；合著与主编有《现代西方哲学概论》《现代西方的时代精神》《现代哲学思潮与青年思想教育》《现代西方哲学源流》《现代西方语言哲学》《现代西方思潮概论》；译著有《批判存在主义对辩证法的理解》、《卢梭的社会政治哲学》（与焦树安合译）、《古代辩证法史》（与齐云山、雷永生、冒从虎合译）。曾任南开大学政治学系主任，法政学院院长，教务长，国家教育部政治学科教学指导委员会副主任，天津社会科学界联合会副主席，南开大学校务委员会委员，学术委员会委员。天津社会科学界联合会副主席，南开大学滨海学院董事会董事。

样的精神状态，我开始了大学教师的生涯。

昨天还是老师的学生，转身就成了学生的老师，这在个人的心理上，实在是一个剧烈的变化。怎样才能成为一名好教师？也许是摆脱不了"短程线"的法则吧，我的老师自然就成了我当老师的"参照"或"楷模"。但是，在北大读书时，不论是蜚声中外的老教授，还是才华横溢的中青年教师，他（她）们崇德务本，精益求精，真诚尽责，培育学生，在我们学生的心目中，都是一座座崇仰而不可企及的高山。现在我也当教师了，自己的老师虽然不可企及，但也没有另外的选择，只有以他（她）们的巨大的精神影响力作为动力，才能在教师的道路上起步并且一直走下去。可以说，我当教师的第一步是从研究我的老师们的教学之道开始的。实际上，我当时的水平还不足以完全理解我的老师们为人为学的精深之处，只是很直观地领悟到，要像老师们那样，完成担负的教学任务，并且受到学生们的欢迎，起码要有正确的教育观和教学观，要对所授学科的性质和功能有确切的把握，还要选择或创造出具有个性及有效的科学研究和教学的方法。而所有这些，只有通过个人的实践探索和反复锻炼，才能逐步体现出来，没有什么捷径可走。

教育观和教学观都是历史性的，主要是从对时代的理解中，从政治和社会的发展中引伸出来的。一定的教育观是一定的社会经济基础的上层建筑，反映着时代的精神要求。中国共产党领导的大学的教育观，是共产主义意识形态的一种表现形式。大学教育是国家的最高级的学校教育，它的出发点和目标是培养具有大公无私和全心全意为人民服务精神的共产主义建设者。因此，大学必须是以民族、国家和人民的最高利益为导向的教育，绝对不是以个人主义、自私自利为导向的教育。这是当代中国大学教育观的核心和大学教育不可降低的标准。我把这种认识作为我必须始终忠诚履行的职责。

教学的内容和形式是不断变化的，教学观也是随着时代的演变而演进的。我们所处的 21 世纪时代，在运动形态上发生了重大变化，社会整体的快速变化成了 21 世纪时代的突出特征。21 世纪是一个"迅速演变的时代"，所有的人都在经受着时代变化的迅速性、突变性和复杂性的压力。快速变化在性质上不同于慢速变化，正像在物理学中，牛顿的慢速运动的机械力学形态和爱因斯坦的快速运动的相对论力学形态是两种性质不同的形态。在快速运动的世界里，时空的表现形态和价值意义发生了根本性变化。在慢速运动系统中，事物呈现为"实体"（entity）形态，可在实体性的时空中表现为机械性运动。而快速运动（如光速运动或电子运动）则呈现为"时-空"一体化，一切现象都是一个"四次元事件"（event），是一个与其他现象或事件内在相互关联的、相互介入的"整体场"或"内在关系的集合"。这样，任何现象、事件、问题都成了与之相关的"环境"的函数，具有了在慢速运动系统中所没有的复杂性、集合性、多样性、多变性、未来性、相对性和不确定性，传统的"质量"概念变成了"能量"概念。快速变化的社会固然不是电子运动，但与以往的慢速变化的社会相比，同样是社会的一种新的运动形态，使人的生活方式发生着极其深刻的变化。快速变化的时代是一个快速创新和快速适应的时代。用快速运动观代替慢速运动观，紧紧抓住时代变化的快速性特征，培养学生建立快速运动观，增强学生对快速变化的适应性，锻炼学生在快速变化的世界中生存和发展的精神能力和生产能力，近些年来，成了我教学工作的主轴观念，努力使教学具有时代要求的针对性，保持着一种开放的、有所更新的状态。

我讲授的是西方哲学，按哲学本身所决定的哲学教学规律来讲授，才可能产生哲学教学的效能。不论对哲学有多少不同的界定，哲学作为一个学科，与自然科学不同。"那些科学到此止步的地方，也就正是哲学开步走的地方"，就是说，"所有确切的知识属于科学，科学上无法解答的问题，则属于哲学"。哲学研究就是一种开放性的、探索性的、批判性的活动，"每一位伟大的哲学家都是新概念的创造者"。哲学的任务是发明、创造新的哲学概念，主要不是制造庞杂的体系，也不是宣布什么永恒的哲学，而是推进哲学精神的丰富和创新。我赞同关于哲学的这种看法，因而我鼓励那些对学术研究感兴趣的学生，从事专深的哲学学术研究，为发展哲学而研究哲学，不把哲学活动降低为非哲学形式或次哲学形式的研究。

另外，哲学原本也是在实"事"上求"是"的，哲学也有服务性，有服务于社会实践的功能。哲学也要在事实领域，在现实生活的实践中，寻找创造新概念的材料和基础，跟着实践的机遇，在寻求解决问题的新途径中，创造新的观念，并运用新的哲学观念将现实呈现出来。这种对现实的在哲学层次上的研究成果，一旦被社会接受，就会在科学和社会的发展中发挥哲学的实践能力。所以，我也十分鼓励那些对实践领域感兴趣的学生研究现实问题，在哲学学术之外的广大领域，锻炼运用哲学知识和哲学分析的能力。国外一些学者常说，现代大学的悲哀在于"它对解决我们时代的现实问题贡献甚少"。哲学若不研究人类面临的各种迫切问题，也会陷入这种悲哀。

毛主席在论述工作任务和工作方法的关系时，突出强调了工作方法的重要性。他说："我们不但要提出任务，而且要解决完成任务的方法问题。我们的任务是过河，但是没有桥或没有船就不能过。不解决桥或船的问题过河就是一句空话。不解决方法问题，任务也只是瞎说一顿。"这对大学教师的教学和科研工作同样是适用的，并且是至关重要的，直接决定着教学和科研工作的质量或成败。哲学的实质是创造性活动，只有运用有效的方法，才能实现哲学教学的目标。依我个人的体会，大学教师有两个主要作用，一是传授知识，一是影响学生。这两个作用都要通过好的方法才能很好地兑现。中国传统的"传道、授业、解惑"的为师之道，涉及教学的内容，没有说到教学的方法。我更同意德国哲学家黑格尔的观点，他说："伟大的刺激和鼓舞是一个教师的主要功劳，主要影响方式。"依据这种观点，传授知识和解答问题，只是一种手段，教师的主要作用，是学生学习的刺激者和鼓舞者。仿佛喜马拉雅山上有无数的珍宝，教师的责任不是让学生坐在山下，等着教师登上山顶，将珍宝取回来，一一分给学生，而是指给学生山顶上有珍宝，激励学生亲自爬上山顶，将珍宝拿到手。学生应当是也必须是学习的主动者，教师是鼓舞者和推动者，使学生将学习知识和锻炼能力的责任放在自己身上，放在自己的艰苦劳作中。其实，教学中的学生主动论，中国的古人就认识到了，他们对教学的启发性和教师的作用有独到的理解。教师的教学应是启发式的，但不是教师"启发"学生，而是刺激学生自己去"启发"。比如明代学者庄元臣曾总结圣人们的教学方法，

"圣人之言，上举首，下举尾，引而不发，如遗筒于人而藏其钥，智者开之，其获甚多，愚者抱之，不知谁何"。就是说，教师教学生，犹如给学生一个紧锁着的箱子（筒），指引学生或诱导学生去"启"之，去"发"之，去"打开"（启）箱子，"发现"（发）出箱子里的东西。有的学生打开了箱子，就多有所获，有的学生只是抱走箱子，不启不发，当然也就得不到任何东西。同一个教师教学，对不同的学生竟然有如此不同的效果，真令人惊异。孔子就曾提出，教师面对学生，要应学生而动，"善待问者如撞钟，叩之以小者则小鸣，叩之以大者则大鸣"。教师如钟，学生学习如撞钟，轻撞则轻响，重撞则重响，不撞则不响。学生学习的主动性是教学的根本。现代心理学家在这方面的科学研究又有了突破性进展，把学生学习的主动性和创造性放在了现代教育的首要地位，深深影响着我们今天的教学观念和教学实践活动。现代心理学家们都强调，"每个人都有巨大的潜力"，"正常人是有创造性的"。同时，"大多数人都有一种自我实现的需要和倾向"。但是，人又有一种自然的限制，即"人们很难自动挖掘自己的潜力"。人的潜在能力的发挥和创造性的展现，需要外在的刺激或诱惑（baiting），从而激起人的兴趣和致力于感兴趣的东西的雄心（ambition），形成追求新东西和创造新东西的精神能力，人们的创造性思维和创造性能力，才会变成现实的力量。用这些理念思考当代学校教育的价值，教师的作用主要不再是传授已有的知识或技术，而是帮助学生建立一种主动学习和创新的人生态度，形成主动成长（growth）的价值观和生活方式。如果教师没有能力和方法去激发学生主动学习的热情，学生对教师讲授的课程就不感兴趣，听课没有激情，在课堂上精神处于休眠状态，学生也就学不到什么东西，教师也就受不到学生的尊敬，从而失去了教师对学生的影响力。从这个意义上说，教师要想受到学生的真正敬仰是十分困难的。古人说，"凡学之道，严师为难"。这里的"严"字不是"严格"的意思，"严"字专指尊敬、崇仰、仰慕的意思。学生不尊敬教师，实质上不是什么道德问题，而是教师的教学能力和教学方法问题。学生喜欢的是创造性的教学活动，而真正的创造性不是已有知识的堆积。"创造性是竞争环境的函数"，它所应对的是未知的东西。创造性的教学活动不是一般的所谓"文化熏陶"，而是教师与学生形成的一种精神博弈活动，是教师与学生之间建立起来的强力激发系统。静止性的、无能量的教学活动，从培养学生的创造性来说，没有促动力，是没有什么教学效果和教学质量的。因为学习活动和创新活动都具有对象性、目的性和自决性，这些都是以学生极大的兴趣和热情为基础的。在我的教学活动中，是学生使我相信这种教学思想是正确的。学生"尊师难"之论，实在是值得教师永远放在身边的一大警策。

真理只允许简明扼要的发挥，这也是教学的有效方法。每个伟大的哲学家几乎都建立了独特的哲学体系，大多都是很抽象的体系，他们的著作有不少是人们难以读懂的"天书"。但我认为，哲学的体系不是最重要的，伟大的哲学家在于创造了新的或划时代性的哲学观念和意识形态，是原始性的创造，是十分简单的。原始性原本就是简单性、没有复杂的原始性。其实，这也并不奇怪，因为事物或现象的最本质的方面都是由简单而平常的东西掩蔽着的。只不过一般人不大关心最简单平常的现象，也就发现不了最重要的东西。将哲学体系回归为体系借以建立起来的新的哲学观念，将哲学观念回归于简单的思想或生活的现实，是一种有吸引力和有效的教学方法。英国数学家和哲学家罗素，采用相对论学说，使哲学观念实现了一次革命。他将传统哲学不变的"实体"观，代之以变动关系中的"事件"观，将指称"实体"的名称词转换为关系描述的描述词，用关系逻辑代替实体逻辑。把罗素在哲学观念上的创新建构成为哲学体系是复杂的，但作为哲学观念的创新却是简单的。他用一个简单的数学函数或数理逻辑公式，就让人们轻松地把握了新观念的要害，进而可以深入理解他的哲学创新的价值。比如函数值是函数的所指（reference），变数值则是函数式的具体含义（sense）。函数式表达的是意义，代表的是关系，不是"实体"。$Y = x^2$ 函数式的 $y$ 不是"实体"，而是具体关系的"集合"。这说明事物或对象不是不变的"实体"，而是一个关系"事件"，是一个可变关系的性质的"集合"。比如"飞马不存在"的短语，用"实体"观是难以理解的，"飞马"既然"不存在"，为什么又命名为"飞马"？其实，"飞马"并非"实体"，而是关系性质的集合。这样，自然就消除了语言表达式的矛盾。用一个简单的数理逻辑公式，就可以轻松地理解"实体"论与"关系"论的不同。可用 Ǝ 代表"存在"，¬ Ǝ 代表"不存在"，A 代表"有翅膀的"性质，B 代表"像马的"性质，X 代表 A 性质和 B 性质的集合。"飞马不存在"的语言式即变为符号表达式 ¬ Ǝ X〔A（X）·B（X）〕，表示同时具有 A 性质和 B 性质的 X 是不存在的。"实体"论表达的"飞马不存在"的自相矛盾就消除了。在我们面临难以弄清楚的复杂理论时，先用"简化法"，使人先抓住实质，然后再及其他，也许是一种最好的讲授方法，可以达到简明扼要和事半功倍的效果。孟子说"教亦多术矣"，这里的"术"，我们今天可以理解为不是种种小智术，小技巧，而是一种"艺术"，是一下子把握住事物本质的能力。

大学教师的教学工作和研究工作是并行不悖的。教师必须坚持一个专家方向，建设一门与专家方向一致的在教学界站得住脚的课程，创作一部能够体现专家方向的在学术界站得住脚的学术著作。其他方面尽可多，这两项不可少。

我的研究工作始终限制在西方哲学领域。1983 年之前，我重点研究西欧中世纪哲学，这最初是从教学需要出发的。经院哲学是西欧中世纪哲学的主要部分，也许由于研究这一时期的哲学，有古文字学、资料翻译、教义论争、文艺复兴思潮等诸多难点，还有"黑暗的中世纪"的说法，使得在西方哲学史的教学中，中世纪哲学一直是一个翻页即过的薄弱环节，学生们多所不满。受到北大老师和学界同仁的激励，我开始了试探，"文革"中也未停止钻研。20 世纪 70 年代末，我将写成的研究片断加以整理，1982 年出版《西欧中世纪哲学概论》著作，表达了我对西欧中世纪哲学最重要的哲学观念和学说的分析以及对这一时期哲学的历史价值的评论，试图在"黑暗的中世纪"说法上打开一个小缺口，透出一束中世纪思想的光亮，以表明在中世纪，哲学的创新也没有停止过。1987 年和 1988 年，西方宗教哲学对话派分别在奥地利和西班牙召开宗教哲学国际研讨会，我在会上介绍了我著作中的一些观点，学者们有一个共识，中世纪哲学也有其丰富的内容，是不可忽视的。

1981 年，学校将我列入了南开大学与美国明尼苏达大学的学术交流计划名单。行前我去北大征求我的老师洪谦教授的意见，洪先生是维也纳分析哲学派的主要代表人物，他建议我去美国研究西方分析哲学，一是因为其重要，二是因为明尼苏达大学也是美国分析哲学研究的一个中心。正是这个契机，使我的西方哲学研究的重心推进到了现代西方哲学部分。我到明尼苏达大学后，发现那里的许多教授都在热心研究语言哲学。语言哲学是西方分析传统的逻辑实证主义、逻辑经验主义、数理哲学、数理逻辑哲学、科学哲学的新的延伸。我投入了现代西方哲学的前沿潮流的研究，努力跟上西方哲学研究的最新发展。我当时确信，这对我国现代西方哲学的研究达到可直接与西方学者的研究同步进展和对话交流的水平，很有意义。我采用非历史的方法，从研究当时哲学家所激烈争论的问题入手，收集和研究相关的文献资料，把握研究的现状和发展的趋势。1983 年回国后，我与研究生们一起，全力从事语言哲学的研究。研究生们的兴趣很高，精神昂扬。由于当时中文资料还很少，大家集中钻研我带回来的资料，边阅读、边讨论、边翻译，同时复印在国内可找到的有关外文资料，学校也为哲学系订了 70 多种外文杂志，研究取得了较快的进展，我们编辑和翻译了《西方现代语言哲学》（语言哲学原著选），撰写了《现代西方语言哲学》著作，均在 1989年出版，比较集中地引进了西方语言哲学的成就和研究方法，扩大了我国西方哲学研究的新领域。北京大学出版的面向 21 世纪课程教材系列中《现代西方哲学新编》《语言哲学》等教材，将我们出版的这些书列为参考和摘引文献，这些书至今在学界还保持着其价值和影响。语言是人类、民族和一切文化的根基，语言哲学研究的任何一项重大成就，都会对世界观、价值观和科学观有深刻影响。语言分析的哲学方法已经渗入许多科学研究领域，语言哲学研究也在我国年轻一代哲学家中发展起来了，在全世界语言哲学的研究中，也有了越来越多的中国哲学家的成就，令人鼓舞。

1992 年我被美国富布赖特项目（Fulbright Program）选为交流学者，赴美做学术研究和交流工作。我又有机会在美国研究哲学发展的新动态，从世界全球化的新视野，从美国主流哲学和最新思潮结合的角度，观察和分析世界当代意识形态的中流砥柱的事物和创新变化着的事物，直接体会到了美国当代哲学研究和意识形态正在发生着的深刻的变化和危机。美国一些学者对西方资本主义的现代性和现代主义的批判，已经形成一股有冲击力的思潮和社会运动。在哲学上，他们把 1980 年代末以来的社会和时代的巨大变化，概括为所谓的后工业社会和后现代化的新趋势，反映这一变化的后现代主义成了社会意识形态变化的重要标志。各种各样的后现代主义者们用他们提出的"后现代性"观念描述当今资本主义发展的新性质，认为是向大众化和平民化社会的复归，是现代资本主义的终结，而世界还在复制美国式的资本主义是不值得的，只有后现代主义才是快速变化时代的精神动力，正在塑造适应时代要求的科学观和价值观。后现代主义激起了人们对现代资本主义和全球化现象的新研究。我从哲学的立场参与了这一潮流，研究新时代价值观和意识形态建设面临的新问题。我 1993 年回国后，努力推动全球化过程中意识形态问题的科学研究。1996 年受美国美中交流委员会资助，我与加州大学（UC San Diego）Miles Kahler 教授共同主持，在南开大学召开了"亚太区域化国际研讨会"，讨论地区主义和全球主义问题，我发表了《新理念：地区主义还是全球主义》文章，分析传统的现代观念与后现代观念的分歧。1997 年我应邀参加北京大学主办、在青岛市举行的"面向 21 世纪的中国国际战略高级研讨会"，在为庆祝北京大学建校 100 周年出版的《面向 21 世纪的中国国际战略》一书中，发表了我在大会上报告的《打破西方控制亚洲的格局发展 21 世纪的中日关系》论文，我是用后现代理念和方法写成的。1999 年南开大学 80 周年校庆，我在《南开大学学报》（校庆专刊）上发表《后现代精神的演化》论文，集中分析了后现代哲学观念与现代哲学观念的根本性区别。此文又被中国社会科学杂志社出版的《中国社会科学文摘》杂志发表，在全国推广了这篇文章。2000年我应邀在香港浸会大学社会科学院进行合作研究和学术讲座（包括后现代哲学讲座），利用在香港5个月的时间，研究香港一些大学的关于后现代哲学的宝贵资料，丰富和加深了我对后现代哲学的理解。2001—2003年，我应邀参加日本全球化问题研究专家独协大学星野昭吉教授领衔的"独协国际合作研究"项目，我承担的是全球化过程中现代精神与后现代精神的矛盾对立问题的研究，研究成果发表在《全球化与全球问题的解决》一书中。我之所以谈到我的一些研究和著述活动，旨在说明我的一种观点，即坚持学术研究要有务本求新的精神，努力使研究工作处于核心学术前沿和发展状态之中，发挥学术研究的可见度和影响力。任何人都会有先入之见，都可能成为自己知识的俘虏。个人的成见、偏见和主观性会铸成个人的守旧性。经济学家凯恩斯（J. M. Keynes）曾说过，"一个人到了25岁或30岁以后，很少再会接受新理论"。量子物理学家普朗克（M. Planck）在其自传中也说到，在物理学的发展中，"一项新的科学真理取得胜利，并不是通过说服它的对手从而使他们认识到了这一真理，而是由于它的对手最后都死了，而熟悉这一真理的一代新人成长起来了"。他们的话强调最新的科学和最新的思想属于新一代人和思想开放者，这是对的。因为在理论领域，创造新理论往往意味着破坏旧理论，接受新理论往往意味着抛弃旧理论。在大学教学领域，警惕保守性，自觉保持一种开放的精神状态，保持对新事物和新思潮的敏感性，我认为是十分重要的。

热烈庆祝南开大学建校 85 周年，我应邀写一篇自述性的短文。"自述"作为一种文体，我确实不会写。只能按照我们哲学家的思维习性，将过去、现在和未来合成一个视角，反省一些个人工作和精神活动的小片段，借以表达我对南开大学的敬爱和校庆的喜悦，是我作这篇短文的心意。我在南开大学已生活了 42 年，42 年与南开大学同心同行，分享着南开的成就和光荣。现在已年逾花甲，要"伏枥仍存万里心"是做不到了。诗人杜甫说，"古来存老马，不必取长途"，这倒是句实在的话。只要"老马"犹存，还要为南开的发展竭尽余力。

车铭洲

# 郑昕教授指导学生毕业论文的 "要妙" *

　　我的毕业论文选的是关于康德认识论的题目，论文导师是时任哲学系主任的郑昕教授。郑先生留学德国，是国内外著名的康德哲学专家。我希望通过毕业论文写作，向郑先生多学康德哲学知识，并为毕业后有机会研究西方哲学打一些学术基础。毕业论文导师确定后不久，一天下午，哲学系办公室一位老师通知我，郑先生约我当天晚上到他家谈毕业论文写作的事。郑先生住在北大燕南园一所别墅里，离我们哲学系男生宿舍 38 斋很近。晚饭后，我带上笔记本，钢笔灌满墨水，急匆匆地到了郑先生家。郑先生热情地把我让到客厅里。师母也很热情，还给我上茶水。当时郑先生全家都在客厅里看电视，是黑白两色的。20 世纪 60 年代初，我们学生还看不上电视，所以对电视没有什么印象，也没有兴趣，我只想直截了当谈如何写论文。坐定后我即主动开

　　* 原载陆学艺主编《青春岁月在北大》（哲学系 1957 级回忆录），社会科学文献出版社 2012 年版。

口："我没有写过学术论文，决心在郑先生指导下学习写论文。"郑先生却笑着说："不急，不急，咱们先看电视!"可能当时的电视频道和节目都不多，加上我对电视也心不在焉，便没有注意电视在播放什么节目。时间过了大概不到一个小时，电视节目结束，师母和子女们都各自回房间了。郑先生则开始了对我写论文的第一次指导。郑先生说："写论文是一项科学研究活动，写成论文是研究工作水到渠成的事，不必急于求成，要从阅读和研究第一手文献资料做起。"郑先生又问我："康德的著作你读得多吗?"我说："不多。在学习您教我们的康德哲学课时，看了康德著作《纯粹理性批判》的一部分，但一知半解，基本没有看懂。"郑先生说："没有关系。这回写论文了，要深入钻研康德的《纯粹理性批判》和《未来形而上学导论》，还要选读《实践理性批判》和《判断力批判》中的相关部分。"郑先生顺便问我："你学过德文吗?"我说："没有，我学的是俄文和英文。"郑先生不无遗憾地说："噢，那就不能读德文资料了。"但他转而鼓励我："没有关系，其他的文字资料也很多。例如，你可依《纯粹理性批判》中译本，对照康蒲·斯密斯的英译本《纯粹理性批判》及其《康德纯粹理性批判解义》，还有华特生的《康德学术》等著作。"我补充说："我已读过您的《康德哲学讲解》一书，这次还要细读。"郑先生谦虚地说："我的著作仅供参考吧。"随之，郑先生以结束性的口吻说："那就开始研究吧，好吗？"我说："好！"就这样第一次指导结束了。实际上，这次指导没有特殊的地方。因为，北大哲学系老师讲课，无一例外地都强调学生学习必须重视读原著和相关的第一手权威资料，苦练基本功。看来，进行学术性研究也得如此。

我开始一字一句地读蓝公武译的《纯粹理性批判》中文版，蓝先生用的是古文式的语言表达形式，而康德的概念和论述更加艰涩，因此，读起书来就像啃骨头一样困难，有很多读不懂的概念和读不通的地方。于是我又去求教郑先生，希望他给我仔细讲一讲，以便帮我打开钻研的道路。但郑先生照样还是在客厅接待我，还是说："不急，先看电视！"电视结束后，郑先生才问我："书读得怎么样了？"我说"读完了'先验感性'部分，很多地方读不懂"。郑先生说："开头难嘛，继续往后读！好吗？"我知道，"好吗？"一出，我就该告辞了。真没想到，这次指导比第一次还简单，只是一句话："继续往后读。"我在回宿舍的路上，心想，前边的读不懂，怎么能"继续往后读"呢，如此读下去，不就更读不懂了吗？我心情十分紧张。读不懂书，可怎么写论文呀！不过也没有别的招数，只能继续往后读。我边读中文版，边对照英文版读。著名西方伦理学研究家周辅成教授得知我写关于康德哲学的论文，又将他个人收藏的

J. M. D. Meiklejohn 的英译本《纯粹理性批判》赠给我，供我对照几种英文本读。总之，坚持往后读。当我读完"先验分析"时，突然发觉，"先验感性"中弄不懂的地方，在往后读"先验分析"时，却大致懂了，而后读的"先验分析"部分也懂得多了。我带着这种奇异的兴奋心情，去告诉郑先生。郑先生还是那句话"继续往后读"。不过这次，我不像前次那么紧张了，信心也大些了。于是我一直往后读，越读越顺利，一直读完"先验证"和"先验方法论"，接着又读了《未来形而上学导论》等其他必须读的著作和资料。虽然对康德的概念、学说懂得多了，但我仍然掌握不住康德的哲学体系，头脑里有了一堆思想资料，分析性的笔记也做了不少，却无力将它们贯通和联系起来，还不能明确地理出论文写作的思路和主要论题。我再去找郑先生，请他给我指引。也许郑先生觉得还不到火候，他的回应是："著作和资料只研究一遍不行，再继续研究一遍！"这时我才恍然大悟，原来在"继续往后读"之外，还有个"再继续研究一遍"。我按郑先生的指教，又把读过的东西和所记的笔记，反复进行了整理和研究，终于觉得思路更清晰了，自信可以转入论文的构思和写作阶段了。

我带着这个想法又到了郑先生家。这一次，郑先生一反往常，没有把我让到客厅里，而是把我让到他的书房里，即兴式地与我长谈起来。他先讲他个人的研究计划。他说，他本人有一个继续研究康德哲学的计划，想针对康德的三个《批判》，写出三部著作，阐述对康德哲学的性质和意义的观点。郑先生就这个话题讲了不少时间，而且心情很激动，这不但使我感到先生壮心不已的学术研究精神，而且领悟到研究康德哲学仍有重要的现代意义。接着，郑先生对我的论文写作表达了他的见解。他说："我知道，学生总是希望老师领着读书，但是教师指导研究性工作，主要的责任不是帮助学生读书，实质上，读书也是无法帮助的。学生必须自己读书，在读书中读懂书，在读书中学会读书，这项功夫是不能由别人替代的。你已经读了不少书，肯定有体会了。而且，同样一本书，不同的人读，会读出属于各人的新东西，这正是读书的一个最重要的目的。教师若给学生讲书，讲出的只能是教师个人的一种观点，很可能会妨碍学生产生他自己的新观点，也就失去了读书的真正价值。另外，哲学家的使命是创造新概念、新思想，以此推动哲学思想的更新和发展。哲学家的哲学体系只是一种思想表达形式，不是最重要的，最重要的是研究和把握哲学家的新概念、新思想，抓住了这些，才能受到启发，并大胆发挥自己的观点。千万别陷入那种抽象的、晦涩难解的哲学体系里去而无力自拔，否则论文也就写不出来了。还有，要特别注意，研究一种创新性的哲学，要具有那种哲学产生和发挥作用的时代大视野，并且要积极努力开拓当今时代的新视野，才能更好地把握那种哲学的性质及其发展性的影响。康德自己就教过几十年的'人类学'，他的哲学实质上是一种新的人本主义，是'现代人'的人本主义。他的哲学思想是与18世纪后半期到19世纪上半期德国规模巨大又影响深远的浪漫主义思想运动交织在一起的。甚至可以说，整个德国古典哲学本身就是一种浪漫哲学，为浪漫主义运动提供了哲学理论支持。用这一视野去观照康德哲学，就会发现，只给康德哲学挂上先验论、唯心论、不可知论等牌子，不足以解释和揭示康德从'睡梦中惊醒'的思想震荡和他做出的哲学上的'哥白尼式革命'的价值。康德从哲学上把'现代人'放在了哲学研究的中心位置，把人和自然具有的创造性放在了人的价值的优先地位，揭示了人的精神（心灵）活动在认识、道德、审美、自由、实践等领域中的创造性、多样性、复杂性及其潜在力量。康德的哲学思想是解放性的，反映了当时德国轰轰烈烈的新思想运动，是当时在欧洲影响深远的新的时代精神。"

听了郑先生的这一席话，我当时真有一种"胜读十年书"的爆炸性的新感觉。这一席话为我打开了一种新的、开阔的哲学思考和研究的境界，似乎也是一种开放的思维方式的教养。这些话在他的课堂上我没有听到过，可能是郑先生心里更深层次中的东西吧。当然，我作为本科学生，无论是知识和能力，对郑先生的话，还难有深刻理解，也无力把这些震荡性的思想更多地引入我的毕业论文之中。但是，当时我确实认为，这是我写毕业论文的整个过程中所获得的、没想到过的最重要的学术收获。我不但领会到了郑先生指导学生论文写作的别具一格的"要妙"，而且直接感受到老师对提高学生学习和研究水平的巨大影响。在郑先生热情无私的指导下，我的论文写了四万字，郑先生也没有对我的论文做多少修改，可能在他看来，修改论文也应该是学生自己的事。后来听说，郑先生在北大校部总结全校 1962 届学生毕业论文情况的会议上发言，介绍了学生写论文的过程以及他指导学生论文的经验，可见当时他的心情是很愉快的。

我们 57 级 1962 年毕业时，恰值南开大学组建哲学系，我被分配到那里教西方哲学。郑先生指导我写论文的"要妙"，他着力强化学生独立研究能力的训练并大力开拓学生研究视野的教育思想，他平易近人的和悦风度，都化作了一种人格、学风、教风、学术研究的不竭的影响力，几十年过去了，仍一直在影响着学生们。关于教师，记得黑格尔说过这样一句话："伟大的刺激和鼓舞是一个教师的主要功劳，主要影响方式。"我想，这样的教师才是真正的所谓"大师"，才是大学真正的"中流砥柱"。用黑格尔这句话纪念郑昕教授，是十分恰当的。

# 车铭洲

## 走一条路，做一件事[*]

作为一名教师，我在南开大学工作五十多年了，先在哲学系，后到政治学系，有幸跟两个系的同仁和学生一块儿从事教学和学术研究，特别是跟研究生们有直接联系，共同学习、读书、研究、研讨、写作、翻译，学生和老师之间的自由交流使理论研究和思想研究这项动脑子的事情变成比较生动和愉快的过程，我觉得非常好。当年的学生如今在工作实践中都成了各自领域的佼佼者，成了中坚人物，成了栋梁。今天在这里聚会的真是群星灿烂，在座的各位远远超过了老师。我想，老师最高兴的无非就是学生超过了自己，学生都成材了，都为国家做了很大贡献，这是老师最高兴的事。

除了高兴，我也衷心感谢各位鼎力合作，再版我三十年前写的两本书。这个出版工作——先是在网上找书，做成电子版，最后还麻烦我们出版社的领导、总

---

[*] 原为2015年9月20日在南开大学举办的"师道与哲学暨车铭洲著作出版座谈会"上的发言。

编，费了大量的精力、体力、财力、物力，做成了这么漂亮的书。这两本书是三十多年前写的，那时的背景跟现在完全不一样。我写的时候没什么出版意识，就是出于教学需要，加上各种各样的偶然性，写书的事就落到我头上了。这两本书，一本是关于西欧中世纪哲学的，一本是关于现代西方哲学的。大家知道，解放后建哲学系，有个设计，就是哲学要有三大支柱，一个是马克思主义理论，就是哲学原理，这是我们的基础，另外两个支柱是中国哲学和外国哲学。教马克思主义和中国哲学，问题不是太大，比较敏感的是外国哲学。外国哲学中又有两段特别敏感，一个是中世纪，一个是现代。中世纪，是欧洲的封建社会，以基督教为主流。宗教是个特别敏感的问题，对有神论者是个敏感问题，对无神论者也是敏感问题。所以，我上大学的时候，欧洲中世纪哲学基本上是空白。北大哲学系研究欧洲哲学的实力最强，组织专家翻译原著，出版了三本原著选读，第一本是《古希腊罗马哲学》，第二本是《十六至十八世纪西欧各国哲学》，第三本是《十八世纪末至十九世纪初德国哲学》，中世纪是空白。当时，主持翻译的是王太庆先生。他给我们讲中世纪哲学，大概只用了一个课时，连说带笑就过去了。他有个规划，要编写中世纪哲学教材，但是没提上日程。

王太庆先生在课上说，编中世纪哲学教材，留待后生，你们年轻的将来做。我没想到这个任务会落到我头上。怎么落到我头上了呢？这是因为偶然性，就是"文化大革命"。我 1962 年到南开做见习助教，然后当正式助教，就是帮教授做辅导，听课、组织学生搞课堂讨论，学生有什么问题，我回答，回答不了，找老师。当时我们哲学系还没有讲外国哲学的教授，是请河北大学的章先生讲【编者按：章一之先生】，我的任务是听课，接送章先生。1963 年到 1964 年，开展社会主义教育运动，叫"四清"运动，教师到下面搞"四清"，我到了农村。"四清"没搞两年，就"文化大革命"了。我们的主要任务是学工、学农、学军，到干校劳动，我都参加了，没参加教学活动。"文化大革命"，大学不上课了。后来，毛主席批示：大学还是要办的。我们很振奋，但是怎么办呢？后来有条指示，让知识分子到工厂、农村跟工农一起编教材。学校同意我们到天津一个工厂，跟工人写作组一起编外国哲学教材。我们去了，一个老工人当组长，组织了几个年轻工人，大概是小学和初中文化，顶多是初中毕业。老师傅问，你们编什么书？我们说，外国哲学。工人师傅说，哲学我们都不清楚，还外国哲学？外国哲学是什么意思？我说，就是古希腊、古罗马、中世纪、16 到 18 世纪的欧洲哲学。组长师傅说，我们不知道这些词，怎么编？然后说，你们在这儿，我给你们每周安排两天劳动，其他时间你们看书写教材，写完了，说是跟工人一起写的，就行了。我们说，好。

编教材得有分工，冒老师是我的师兄，他早来两年。他对我说，你搞中世纪吧。师兄让我做，我就必须做，我是最差的。我说行，但是我想，顺便弄点儿就行，不觉得有什么压力，我觉得中世纪哲学也许没什么东西，至少是不难。真正编起来，才知道并非如此。中世纪哲学很难，难在三个方面。一是敏感，刚才我说了，有宗教问题。第二是黑暗，我们有个强烈的观念，认为中世纪是黑暗的世纪，宗教战争、宗教压迫，没有文明。第三是语言，需要懂拉丁文、希腊文、希伯来文。南开图书馆很好，是研究型图书馆。我就赶紧看资料，文学也好，历史也好，凡是涉及中世纪的东西就看，主要看南京金陵神学院解放前编写的中世纪宗教哲学。我就读，真正读起来非常困难。中世纪哲学家非同小可，水平很高，理解起来很困难。我慢慢分析，分析完了，就把体会记下来。编完以后，有三十多万字，自己都很难相信。写完了，就放下了。后来，国家的形势发生了很大的变化。1977年，大学开始招生了，准备上课了。准备上课，教研室又要分工。冒老师说，中世纪哲学先放着，咱们先把现代哲学补上，他让我搞现代外国哲学。中世纪哲学敏感，现代哲学也敏感，两个敏感的东西都落到了我头上。我说行，服从领导，我就搞现代哲学，中世纪就先放在那儿了。

"文化大革命"一结束，不但学校振兴起来了，出版社也振兴起来了。出版社要出书，到哪儿找稿子？到大学。天津出版社的领导同志来到南开哲学系，说谁有稿子赶紧拿来。我问，拿来干吗？他说，出版。他听说我有个中世纪哲学的稿子，很高兴，坚持要出，说中世纪哲学是空白。我没有出版意识，拿不准，到北大找王太庆先生，说出版社要出中世纪哲学。王先生问，你有稿子吗？我说，"文化大革命"中我写了一个。他听说我在"文化大革命"中竟然写了中世纪哲学，很高兴，问：多少字？我说30万字。他问，谁出？我说，天津出版社想出，能出吗？他说，能，赶紧改一改。我就改了一下，改完就交稿了。后来，到1982年，书真的出版了。

交了中世纪哲学的稿，我就搞我的现代去了。我研究现代外国哲学，也是偶然的机会。我们南开大学很开放，滕校长到美国转了一圈，把发展经济学引进来了，成了南开经济学的重心。南开派留学生和访问学者，原来主要派数理化的和英语的，不派人文学科和社会科学的。滕校长问，咱们有研究现代外国哲学的老师吗？他认为，现在西方变化很大，得研究现代哲学。校长听说我在弄现代外国哲学，就让我去美国访学。他说，你不了解外国现在是什么样子，怎么能研究现代哲学呢？当时，我很害怕。为什么很害怕呢？就是对美国没有了解，到这么个国家去，什么也不懂，生活都不懂，水深火热。我真是这么想，不像现在的年轻人，那么高兴去留学。我感到压力很大，不太愿意去，不光是我，大家都这样，不愿去。不过，校长说了要去，我不能不听校长的，就硬着头皮去了。当时有个"异化"概念，我完全异化了，感到压力很大。你想，连坐飞机都不会，是不是异化？我1962年当助教，当了17年，1979年评上讲师，1981年成了副教授。可是，我一个副教授，还不如现在小孩懂得多。当时，我不知道上飞机有绿色通道，什么都不懂，飞机上的饭也不会吃，空姐给我一个易拉罐，怎么喝？当时飞机上没几个中国人，很难受。我偷偷地看周围的人，看人家怎么打开易拉罐，非常可笑。

学校安排我去美国访问，我服从，但不知道该去哪个大学。我回北大找洪谦先生，洪先生让我去明尼苏达大学，他有个学生在那里教逻辑实证主义。我到了那里才知道，哲学转向了，转向了语言，有个语言哲学。我在国内没见过语言哲学这个词，语言还有哲学？我在明尼苏达大学访问了一年，搜集语言哲学的资料，就算把语言哲学带回国内了。回来后，我跟洪谦先生汇报了情况，他很支持，我们就招了研究生，组织起来，阅读、翻译、研究语言哲学。那真是互教互学。每个研究生负责翻译十多万字资料，然后油印。每人研究一个语言哲学大师，写论文，后来出了语言哲学的著作。我们写了八十万字，出版时压缩了近一半，变成了四十几万字。

除了语言哲学，我也研究了现代西方哲学的其他学派，特别是存在主义、精神分析、实用主义。1980年代，存在主义和弗洛伊德主义很热。小青年们穿文化衫，背上写着几个字，"我是我"。我很吃惊，不知道怎么回事。背着"我是我"干吗？还有人背的是"别理我""我生气了"。出版界有同志邀请我写一点东西，介绍这些学派的真实背景，帮年轻人全面了解这些哲学思潮。我从美国回来后，计划研究语言哲学，没打算写这些流派。北大的王太庆老师让我写，他认为我最清楚热门的东西。工人出版社先来找我，联系出版，他们建议学术性不要太强，不要体系化，把核心的观念说清楚就行。我就写了一个《现代西方五大哲学思潮》。这五大思潮大致解释了社会上的那些文化现象。

这是三十年前的事。我写书，并不是想出书，我那时没有出版意识。写书，首先是因为教学需要，社会有需要，也因为偶然性，写书的任务落到我头上了，我只是认真去做。我那时就那个水平，出书不给稿费，让我写我就写，让出书就出书，就这么个意思。我们还翻译了几本书，有些后来也出版了。我们这几本书有些影响。我后来到国外参加过宗教哲学的会，北大的赵敦华教授研究中世纪哲学，也把我的书列为参考书。《读书》杂志介绍过五大思潮，认为它是了解现代西方哲学的窗口。"窗口"这个说法很好，因为那时我们只是开了窗，还没有开门。

这两本书是我三十多年前写的，今天重新出版，还有意义吗？我开始觉得没意义，不同意重新出版。志成给我做工作，我也不同意。后来是小李说服了我。他说，重新出版这两本书，有两层意义。特殊意义是纪念我们的师生关系，我们当年是师生关系，一块儿做研究，后来师生关系变成了师友关系，关系非常好。还有一个普遍意义，就是有社会现实意义。现在我们国家富裕了，吃饭问题、生活问题基本解决了，这是一个民族的"安身"问题。但是，一个民族还有一个很重要的问题，就是"立命"问题。现在我们应该加强理论研究，加强精神建设。我们这个民族很有智慧，但是长期安定不下来，理论建设、精神建设不够发达。这个说法对我教育影响非常大，我就接受了各位的建议，同意重新出版这两本书。小李说希望回归哲学、回归翻译，我觉得很有意义。近现代中国，我们最先进的思想家都强调翻译的重要性。回归哲学，也很有意义。哲学是文化，有文化，我们在世界上才有地位，光物质丰富不行。有哲学，才有理论。理论特别重要，在一定时候，理论工作可能比实际工作更重要。一旦观念发生变革，现实世界就站不住脚，非变不可。爱因斯坦说过，原子弹的出现改变了一切，但是有一点没有改变，就是我们的思维方式。所以我们必须改变我们的思维方式，这就需要哲学，需要理论。

作为一名教师，我这一生走了一条路，干了一件事。一条路，就是上学、念书、教书、写书，生活方式极为单调，但是生活的内容不单调，因为什么？大学跟军营一样，铁打的营盘，流水的学生，一届一届的青年在我们南开大学学习。作为一名教师，我接触了这么多优秀的青年、这么多优秀的同事，接触到这么多文化财富、先进丰富的思想，我觉得非常好。我愿意教学生，愿意跟学生一起学习。

当了五十多年教师，我有两点体会。一个是，我认为教师的功劳不是教知识，而是鼓舞学生。知识可以教，但要靠学生自己刻苦研究才能学到；能力不能教，只能靠学生自己锻炼提高。学生学知识，长本领，出成就，都靠学生自己。教师起什么作用呢？教师的责任主要是影响学生。用什么影响？就是以书本上的知识为手段，帮助学生树立自己的学习目标，激发学生的创造精神，鼓励学生艰苦努力，帮助学生认识自己的潜力，促使学生把自己的潜力发挥出来。如果说教师培养学生，这就是培养。其实，这只是帮助，不是培养。我这个教育哲学，依据的是黑格尔的思想。黑格尔是个著作家，也是很好的教师。他说，教师的主要功劳就是给学生伟大的刺激、伟大的鼓舞。教师要在课堂上把学生的学习精神、奋斗精神鼓舞起来，教师的作用就是刺激和鼓舞，用敲锣打鼓的方法振奋学生，让学生努力。伟大的刺激和鼓舞，是老师的主要功能，也是主要的教育方式。这是我的一个体会。

我的第二个体会是，学生造就老师。老师的成就有学生的贡献，不是教师自己本来就那么优秀。必须有优秀的学生，教师才能进步。这是我坚信不疑的。我这个思想，现实的模型就是和尚撞钟。当一天和尚，撞一天钟。大学里有学生，有教师，谁是钟？谁是和尚？和尚肯定是学生，钟是老师。钟自己不能发声，学生要是不撞，钟就不响。老和尚是个钟，老师是个钟，看着很神秘，就是不响；大敲大响，小敲小响，不敲不响。教师刺激学生，学生就会跟教师研讨，有研讨，就能出成就。老师的智慧是学生敲出来的，学生很优秀，总是敲打教师，教师就进步了。我受过很多学生的启发和教育。写这两本书，我也受到学生很多启发。谁也不是天生就会写书，我一开始也不会写书，是教书启发了我。为了教好书，教师都要精心准备讲稿，这就是写书。没有人告诉我该怎么写，但是有学生听课，我知道我必须写，写一写，就会写了，真写了，就真会写了。

今天聚会，我非常高兴，也说了很多。大家尽了这么大的力量，重新出版我的两本旧作，我很感谢。我们的老师的老师孔夫子说过："吾老矣，不能用也。"我也老了，没什么用了。各位鼓励我老骥伏枥，那是鼓励的话，我做不到，我对同学们不能有什么新贡献了。但是，我不悲观。有一点我永远会做到，我还有一点永远去不掉的东西，永远留着，不仅留给在座的各位，也留给今天来不了的同学们，这就是我的一片情谊，这个情谊是不了情，是永远不了的师生情谊。我永远把大家的情谊留在心里，永远继续为大家的新成就而喜悦，继续为大家和你们全家的健康而祝愿，这是我自己表达的一点心情。

　　我先说这些，以后有机会，咱们再说。

# 蔡　拓[*]
# 我与车老师二三事

从 1978 年入学南开到 2003 年初离开南开大学去中国政法大学，我在车老师身边学习、工作了 24 年。其间，前 4 年，我只是哲学系 78 级本科生的一员，是在课堂上感受到车老师知识的渊博，讲课的生动、深刻，待人的和蔼可亲，与大家一样认为这是一位令人喜爱、尊敬的大学老师，并无更多接触。1982 年毕业后留校，我先在马列教研室，后转入政治学系。在马列教研室的 8 年，虽然从行政隶属上讲与车老师仍然无关，但从私

＊　蔡拓，现为中国政法大学全球化与全球问题研究所名誉所长、全国高校国际政治研究专业委员会副理事长。1947 年出生，1961—1968 年在北京清华附中读书，1968—1972 年在内蒙东坞旗插队，1972—1978 年在天津大港油田设计院工作，1978 年考入南开大学，1982—2002 年在南开大学任教，曾任南开大学政治学系副系主任、全球问题研究所所长；2003 年转入中国政法大学，曾任中国政法大学政治与公共管理学院院长、全球化与全球问题研究所所长。主要研究领域为全球学、国际关系理论、政治学理论。主要著作有《全球学与全球治理》《全球学导论》《全球化与政治的转型》《当代全球问题》《契约论研究》《可持续发展——新的文明观》等。在《中国社会科学》杂志上发表的代表性论文有《全球主义与国家主义》《全球治理的中国视角与实践》《当代中国国际定位的若干思考》《全球治理与国家治理：当代中国两大战略考量》。

人关系上已有较多接触，不定期去车老师家拜访，讨教做学问之道，交流对学校和学科发展的一些看法。此外，政治学系重建后，我一直负责讲授西方政治思想史课程（政治学系重建初期，要借助马列教研室的师资力量），而车老师 1986 年接任政治学系系主任，这也为我更多接触车老师创造了条件。我真正转入政治学系是1990 年，随后 12 年，与车老师有了密切的、实质性的、全方位的接触。特别是 1993—1997 年 4 年间，我作为车老师的副手——政治学系副系主任，跟随车老师共建南开政治学，这种特殊的经历和工作关系，使得我对车老师的感知更深刻，受益更多。他成为我心中的偶像，指引、激励我在人生的道路上前行。

## 车老师扶助我在学术道路上不断进取

在中国教育史上，77、78 级大学生具有鲜明的特点和特殊的地位。仅从年龄上讲，年龄最大的 1945 年、1946 年出生，年龄最小的则为 1963 年出生，年龄相差一倍，跨度之大，令人惊愕。我是 1947 年生人，年龄偏大，所以 1982 年留校做教师后，急于发表论文，出专著，车老师非常理解，并给予我极大的鼓励和支持。我的第一本学术专著《契约论研究》，就是在车老师的鼓励下完成的。这本书源于我的本科毕业论文，当时仅

5 万字。留校后，我决心扩充、改写这篇论文，所以查阅了学校图书馆和北京图书馆的资料，写成了一本近19万字的专著。因为车老师当时是西方哲学教研室的主任，又平易近人，所以，写作过程中经常请教车老师，书稿完成后，送车老师审阅，并请他为本书作序，车老师欣然同意。他在序中，除了肯定这本书的学术价值，并鼓励我勤奋努力、扎实治学外，更是发自内心地写道："我在大学教书几十年，每当看到青年学者脱颖而出，总是按捺不住内心的喜悦"，这令我十分感动。这本书1987年由南开大学出版社出版，并获天津社科优秀成果二等奖。万事开头难，我的学术生涯的第一步就这样在车老师的扶助下迈出了。

1988 年后，虽然我还从事着西方政治思想史的教学与研究工作，但学术兴趣已开始转向当代全球问题。1991年获批国家社科项目，题目为《世界大变革中的全球问题》。对于这次学术转向，以及该课题的研究，成果的修改、完善、直至出版，车老师再次给予更多的理解、更大的鼓励和全过程的支持。北京大学赵宝煦先生和车老师是为我这个项目写鉴定意见的专家。车老师在鉴定意见中，一方面充分肯定了研究成果的学术价值和现实意义，另一方面又提出殷切希望，鼓励我继续努力，"成为这一领域研究的带头学者"。当代全球问题的研究，以及随后的全球化、全球治理的研究，奠定了我一生的学术旨趣，也成就了我一生的学术追求。今天看起来，这个学术领域、方向是赌对了，但在当时，何其难！无论是在政治学理论圈，还是国际政治圈，当代全球问题研究都不受重视、被边缘化，但车老师鼓励我说："认准的事情就坚持去做，做出来终究会得到承认与尊重。"我坚持做了，并得到了意想不到的回报。1994年该课题成果以《当代全球问题》之名在天津人民出版社出版，1996年获得天津市社科优秀成果一等奖，1998年获得全国高校社科优秀成果二等奖。设想一下，如果没有车老师的坚定支持和鼓励，怎么会有今天的我。

## 与车老师一起建设南开政治学

南开政治学有悠久的历史，1923年建立政治学专业，1952年该专业被取消，直至改革开放后于1984年重建。重建后的首任系主任是郑建民教授，但其上任不久不幸因病逝世。1986年，车老师从哲学系转入政治学系，接任系主任，直至1998年实体的法政学院成立，主持该系工作12年之久。车老师主持政治学系工作后，首先着力于思想政治工作专业和政治学专业的建设。鉴于当时教育部对高校学生思想政治工作的强调与重视，以及南开大学政治学重建后的师资现状，思想政治教育专业被定为重点，南开大学政治学系最初的两届本科生都是思想政治教育专业，其生源来自各高校的选送生。车老师赋予这个专业学理的色彩，确立了现代西方哲学文化思潮与青年教育的学科方向，在思想政治教育专业中，从课程设置到学生培养，增加了现代文化思潮分析、现代西方文化思潮鉴评等开阔知识视野、提高理论认知能力的内容，从而形成了南开大学思想政治教育专业的特色。与此同时，在政治学专业的设置、政治学专业老师的选聘上作出一系列努力，并于 1988 年开始招收首届政治学专业本科生。

我是 1990 年转入政治学系的。1992 年邓小平南方讲话后，改革开放重回正轨，焕发出更大活力，从而为教育改革与发展创造了良好环境。加之政治学专业首届本科生毕业，政治学专业硕士点的需求更为迫切，因此，政治学系在车老师带领下，开始了学科、学术发展的新征程。正是在这一大背景下，1993 年政治学系班子换届，我作为车老师的副手，开始了四年与车老师一起共建南开政治学的工作。正是在这四年特殊而又密切的工作关系中，让我更全面、更深刻地认识了自己的老师，见证了他对建设南开政治学系所付出的心血及其作出的贡献。这四年，印象尤为深刻的有四件事情。

第一，健全南开政治学学科体系，申报国际政治专业，招收国际政治本科生。1993 年以前，政治学系仅有思想政治教育和政治学两个专业，所以从学科体系的全面性上讲有明显欠缺。于是，在学校支持下，我们请来北京大学、人民大学的梁守德等专家进行指导、论证，1993年申报国际政治专业，并于1994年获国家教委正式批准，开始招收该专业本科生。车老师认为，有了国际政治专业，比较政治和国际政治的课程和研究就会加强，政治学学科的完整性就得到了体现。其实，设置国际政治专业，不仅有健全学科体系的考虑，还有适应改革开放新形势和市场经济发展的考量。当时我国高校中只有北大、人大、复旦三校有国际政治专业，南开成为第四家。车老师和我设计这个专业的初衷，是想为我国对外经贸领域，尤其是跨国公司培养能从国际关系角度提供跨国经营和经贸往来战略咨询的专门人才。所以在课程的设计上，除了传统的政治学和国际政治的基本理论外，增加了国际经济、国际法的内容。初衷很好，想法也超前，但遗憾的是在毕业分配时，未能得以实现，因为中国跨国公司和对外经贸领域对这类国际关系专门人才需求的认识还远未到位。

第二，建立政治学理论硕士点，提升政治学专业教学、研究与人才培养的层次。一个专业，学科的建设，除了本科生这个基础环节外，应尽早、尽快建立硕士点和博士点。在首届本科生毕业以后，政治学硕士点建设提上日程，车老师强调要加快这个工作进度。1993年举办专家论证会，不仅顺利解决了设置国际政治本科专业问题，也对获得政治学理论硕士点授权起到重要作用。1994年南开政治学系获批政治学理论硕士点，开始招收研究生。与此同时，为满足社会需要，以政治学理论硕士点为依托，招收了政治学理论专业研究生班、政治学理论（行政学方向）硕士课程进修班。

有了硕士生培养的基础和经验后，1997年车老师开始思考和布局博士点建设，要求我着手准备材料。于是，根据车老师的意见，我起草了《关于申请政治学理论博士点的规划材料》。在这个规划中拟设四个主要研究方向，即（1）现代政治学理论与方法（从全球政治观、生态政治观、发展政治观等学术视角，开辟现代政治学理论与方法研究的新领域）。（2）现代政府理论与当代中国政府。（3）中国政治思想与政治文化。（4）政治地理学（凸显其交叉性的特色）。这四个主要研究方向的确定，是车老师根据我校政治学的研究成果、学术带头人，以及南开政治学特色等多重因素综合考量的结果，完全符合我系的现实。后来南开政治学系博士点的建设与发展也证明了这一点。

第三，总结南开政治学学科建设经验，加快学科建设步伐。在新世纪即将到来之际，面对国内外发展的新形势和学校关于学科建设的新要求，车老师率领我们认真总结重建政治学十余年来的工作，以申报南开大学教学成果奖的形式，向学校提交了《努力建设适应 21 世纪需要的新学科》的成果报告（申请书）。在多次讨论的基础上，报告由我负责起草，车老师进行了全面细致的修改。报告充分体现了车老师主持政治学系工作的指导思想、教育理念和一系列具体做法。

比如，关于学科建设的指导原则，包括四条：其一，立足中国，面向世界，建设为中国发展服务的政治科学。其二，瞄准先进水平和我国市场经济的需要。其三，坚持宽口径、厚基础的人才培养方针。其四，突出特色，逐步确立我校政治学学科在全国政治学界的独特地位。这四条中，第二、四条尤其体现了车老师的学科建设理念。报告强调，"学科建设在理论层面上要追踪学术研究前沿，要有占领学科制高点的明确目标""学科建设在实践层面上要贴近现实，而当代最大的现实就是发展社会主义市场经济""学科建设要尊重共性，因为共性是学科建设的基础；但学科建设又必须逐步确立鲜明的个性，这样才能形成优势，发挥特长，促进发展"。正是遵循这些指导原则和理念，南开大学政治学系，形成了现代西方文化思潮与青年思想教育，政府过程与公共政策、政府经济学、发展政治学、计量政治学、农村政治学、当代全球问题、国际关系政治经济学等学科建设特色，覆盖了我系思想政治教育、政治学、国际政治三大本科专业。再比如，明确学科建设的两大内容及其定位——教学是基础，科研是后盾。车老师强调，教学与科研两者都要硬，要处理好相互间的关系。在教学方面，要完善学科结构，规范课程体系，全面落实教学环节，同时在注重提高学生综合素质上下功夫；在科研方面，要明确学科研究方向与特色，坚持以科研促教学。车老师认为，学科建设的基础固然在于教学，但学科建设的水平与后劲却取决于科研，没有科研做后盾，任何学科建设都难以达到一流水平。

总之，正是在车老师学科建设原则和教育理念的指导下，加之一系列规范的具体制度的要求，20 世纪 90 年代的南开政治学系呈现出生机勃勃的景象。20 名任课教师，每个人都明确了一个主要研究方向，能够讲授 2—3 门课。晋升副教授时都有一本专著，不受市场经济带来的利益方面的诱惑，认真搞教学，潜心搞科研，并主动要求在职读博士学位，加快教师队伍的博士化。这种景象，恰恰又体现出车老师的另一个观点，即学科建设的核心，乃是建设一支高素质的教师队伍。

第四，加强与天津师范大学政治学学科的互动互鉴，促进两校政治学学科共同发展。天津政治学学科的重镇和主力在南开大学和天津师范大学。南开的政治学系经过车老师十年的开拓，已日益在国内政治学界产生影响，而天津师范大学的政治学则由国内政治学界著名教授徐大同先生挂帅，正处于迅猛发展时期。天津政治学学会，徐先生和车老师又分别担任正副会长，所以天津政治学发展的诸多工作都在这个平台上进行。车老师有大局观、合作观，他多次强调，尽管两校在学科发展上有竞争，但两校团结、合作更重要。所以，20世纪90年代中期，在车老师的建议下，两校建立了虽然松散（不定期）但又持续化的两系班子和学科带头人晚餐会制度，每年举办1至2次。通过这种方式，沟通感情，交流政治学学科建设中问题，商谈政治学学会的有关事务。可以说，这个时期是两校政治学学科关系最为密切、融洽的时期，共同开展了一系列学术活动，促进了学科的发展。比如，南开大学、天津师范大学与日本独协大学在国际关系领域的合作与交流就是在这个时期展开的，通过北京师范大学刘小林教授的联系、沟通，日本独协大学的星野昭吉教授来天津访问两校，参加相关国际会议，而受星野昭吉教授邀请，我陪同车老师、徐先生访问了独协大学。

总之，没有车老师的谋划、布局与领导实施，就没有南开政治学的今天，车老师是当之无愧的重建后的南开政治学的奠基人、开拓者。他付出的心血与努力难以想象。因为正是自1993、1994年起，车老师同时担任教务长、法政学院院长（1998年前，该学院并未实体化，仅负责协调、统筹政治学、法学、社会学的发展）、政治学系系主任。白天他要忙于各种学校会议和教学调研，推进全校的教学改革。南开的学分制和小学期制，都是车老师当教务长时开始试行的，其压力之大不言而喻。所以通常我只能在晚上到他家里汇报系里的工作，而他则耐心细致地听取汇报，分析问题，布置工作，强调系教学科研工作务必要规范、落实，要有章可循、制度化。

## 车老师的睿智与风范给人启迪与温暖

车老师的睿智受到南开哲学系和政治学系学生的一致赞扬，给我印象最深的是"撞钟说""民主就是麻烦""学生是我最大财富和快乐之源"。

"撞钟说"，充分体现了车老师鼓励、刺激学生的学习主动性、积极性，师生互动、教学相长的教育理念。他从不以老师、教育者自居，而是尊重、启发学生的能动性、创造性，并在这个过程中既向学生传授必要的知识，又虚心向学生学习，借鉴学生们大胆的、活跃的、智慧的思考。"民主就是麻烦"，则是车老师对民主的通俗解释，他让人在笑声中去把握民主的真谛。麻烦在何处？麻烦就是沟通、对话，平等地讨论问题，自主地发表意见，反复地商谈、协调，最后才能达成某种共识与结果。这个过程比起个人专断、领导拍板要麻烦得多，但这就是民主。要民主并学会民主，就要从不怕麻烦做起。车老师以这种言说方式让大家接受民主，践行民主，并贯穿于政治学系的工作之中。"学生是我最大的财富和快乐之源"，车老师的这一洞见，最令人难忘。我记得，这是在新年晚会上，车老师祝辞时明确表示的。他说，我所看重的财富不是金钱、名利。作为一名教师，我的最大财富就是拥有学生，他们的进步、快乐，事业的成功，时时感动着我。因此，始终与学生保持最密切的关系，从他们那里获得各种信息，被他们的青春活力所鼓舞，这是教师这个职业所特有的财富与快乐。这一洞见与车老师晚年"以学生为贵"的理念完全一致，在他的一生中，学生始终摆在最前列、最重要的位置。车老师的上述理念与见解铭刻于我心中，影响我的一生。我也时常把这些理念与见解讲给学生和年轻教师们听，希望这些理念能被发扬光大。但知行合一实非易事，我自己深感在这方面与车老师有差距。然而幸运的是，有车老师这个榜样的鼓励与引领，我会坚守在这条道路上。

车老师的风范体现于他的谦和、大气、淡泊、洒脱、与人为善。他温文儒雅，从不盛气凌人；他审时度势，有大局观、大视野；他淡泊名利，坦然面对一切，从不抱怨、悲观。他善解人意，与人为善，使人在与其相处共事时感受到诚信与温暖。所以，无论在课堂、在家中还是在各种正式的会议和公共场合，你感受不到他是一位知名教授、学校的教务长、院长、系主任以及多种学会的领导。他从不张扬，也不在意人们对他是否尊重，他平和得就是一个普通大学教师，一个幽默、平易近人的朋友，但正是这种风范赢得了人们，特别是学生们的尊重、爱戴、赞叹。在我看来，这种风范正是车老师骨子里的中国传统文化中士的精神与体现，是其道德人性光辉的体现，也是当代学人最应重视和铸造的品格。我常常感叹于此，并以之反思和激励自己的人生。

## 伊永文 *

## 向车老师问学的日子

参与哲学领域，我的资质是不够的。我未师从车老师进行过系统的哲学学习，但恰逢机缘，我有幸问学于车老师。这种学习不在课堂，而是不拘时间、地点，随意而发，有时围绕一个中心深入，有时则零打碎敲，内容宽泛，这类学习样式，使我深受其益，有时还获得意想不到的灵感。倘若整理一下这种问学的思路，话头还须从四十余年前说起——

那是 1973 年下半年，我经过考试、作废、推荐选

* 伊永文，籍贯山东，出生于哈尔滨，1966 年因"文革"辍学，1968 年加入沈阳军区黑龙江生产建设兵团一师宣传科，从事文字工作。1973 年入南开大学中文系学习，1976 年毕业，在哈尔滨社会科学研究部门工作。现为黑龙江大学文学院古代文学教授。作品有《东京梦华录笺注》，中华书局 2006 年版。《明清饮食研究》，台湾洪叶文化出版公司 1997 年版。《日常生活的饮食》、《成熟佳肴的文明》上下二册，六十四万余字，清华大学出版社 2014 年版。《明代衣食住行》，中华书局 2012 年插图珍藏本。《宋代城市风情》，浙江古籍出版社（即出）。《行走在宋代城市》，中华书局 2005 年版。《到古代中国去旅行》，中华书局 2005 年版。《宋代市民日常生活》，中国工人出版社 2018 年版。《明代社会日常生活》，中国工人出版社 2020 年版全新插图本。两次荣获省部级优秀社会科学研究专著一等奖。另有论文多篇。

拔等一系列的"艰难跋涉"，重入读书堂。当时教学不振，学术凋零，我内心纠结的是通过什么途径提高自己的"学问"，非常茫然。正巧理论界开展"英雄史观"的讨论，我已记不得我是如何跨过学科壁垒拜见到车老师，希望从他那里获取到打开理论之门的钥匙的。

我记得车老师是住在离四食堂较近的宿舍，这是一栋专供教职员工居住的"筒子楼"，灯光昏暗，楼梯破旧，走廊堵塞。那时车师母还未来南开，车老师独居一室，房间顶多也就十一平方米，一张狭窄的单人床，一张堆满书籍只露半边空隙的小桌子，一把为客人预备的矮椅，一个插满书籍的小书架，一个置于凳子上的脸盆——真是家徒四壁，一穷二白。

后来我与车老师已非常熟悉了，一次我曾就他天天局限在简陋的环境中感不感到贫困单调向其发问，车老师的回答令人深思："我面对的是世界，西方的现当代哲学思潮都置于我的案头。"这话使我倾倒，物质生活虽贫乏，但车老师的精神世界却异常丰富，这当然来源于他对学问的不懈追求。

记得车老师正在准备一门《西方现代哲学批判》的新课，这在当时是需要理论勇气的，因为西方现代哲学极具变化性又艰涩，不易了解掌握，车老师就曾一天看一篇这方面的文章，竟大半天难晓作者所云。其难度以此可见，以致北大哲学系也还未系统开设这门课。

可车老师却迎难而上，向这难啃的"硬骨头"发起了冲击。我亲眼见到，在热浪炙人的夏日，车老师只穿短裤背心，赤膊上阵，手不停挥，埋头于著述之中。面对这样一位勤奋博识的学者，我提的问题是否幼稚？我心忐忑。

可是一听"是英雄还是奴隶创造历史"这一有诡辩色彩的问题时，车老师的脸庞洋溢起兴奋之色，他滔滔不绝地打开"话匣子"，随口而出一连串这方面的领袖、学者及其著作，如数家珍，而我则闻所未闻。

尤其是车老师提到普列汉诺夫的《论个人在历史上的作用问题》，他对其予以充分的肯定。这有悖于当时学界对普列汉诺夫批判多于肯定的极左腔调，但车老师的出发点是：只要是真理，即使论者有过错，也要给予它对的一面一席之位。

车老师敏锐指出普列汉诺夫文中的精彩之处，如：

个人往往能对社会命运产生重大的影响，不过这种影响是由社会的内部结构及其对其他社会关系的影响决定的。

生产力的发展是人类历史运动的终极和最一般的原因，人类社会关系方面的历史变迁都是由生产力的发展所决定的。

车老师就这两点进行了细致的分析，着重指出：任何人，无论他有多超群的能力，他都创造不了生产力，而生产力恰恰能决定一个社会的形态和面貌。我由此受到启发，跨过了所谓的"英雄和奴隶共同创造历史"的理论"迷宫"，遂命笔成文。很快，这篇文章以较长篇幅在《南开校报》上发表，我曾念给车老师听，记得车老师听时，满脸笑容，我意识到他是满意我的阐述了。

从那以后，车老师以研究问题的方式接纳了我。严格地讲，我所从事的中国古典文学研究，和车老师所研究的欧洲哲学史是有很大差别的，但它们均归属于人文科学范畴，研究方法却是可以相通的。车老师就曾以薄伽丘《十日谈》中市民反传统宗教的故事告诉我，联系同时期的中国古代文学中的这类现象，不就等于又打开一个更广阔的观察中国文学的窗口？

随着"问学"的深入，我的目光渐转有关"问学"的细节上来。准确地说，我已成为车老师一名编外的学生，但我发现有我这种情况的不限于我一人，到车老师这儿"问学"的还有化学系的学生，他们并不是为了赶"学术沙龙"的时髦，而是向车老师学习如何以辩证的哲学思想指导进行化学研究。由此我想，正是由于车老师不拒细流滴水，方成其深；迎孤木入林，才成其大。

这是我在"问学"的同时对车老师另一种人格魅力的感触，在这方面我是有亲身体会的。记得有一次我一夜难眠，白天又不便在宿舍"补觉"，便跑到车老师处去睡觉。当时车老师二话没说就让我在他的床上休息，于是我"大颜不惭"地在车老师的床上美美地睡了一觉。

还有一次，我有些感冒，又跑到车老师处想避一避"风"。车老师见我不舒服，便端出刚买的精致的小钢精锅，为我下了一束细挂面。当我端着车老师为我煮的细面并在车老师亲切的目光下吃时，我的心完全被一种亲人温情所融化而不能自已。

我想起以助青年为乐的鲁迅先生接待过一位文学青年的故事，这青年将自己穿破的鞋交给鲁迅让他去修好，鲁迅提鞋就去，等鲁迅修好鞋回来，那位青年还因等他时间稍长一点而不太满意……

这则出自鲁迅研究专家唐弢之口的传说，加之鲁迅那句"我的生命都碎割给了青年"的名言，使我相信此事可靠性是很高的，于此我联想到我们这群青年与车老师的交往过程。车老师总是和蔼可亲，他未和我发过火，我也未见他和别的青年学生发火，他总是循循善诱，不以己见压人，将学生置于一个平等的可讨论的位置上，疑义相析，共同探讨，服从真理，使人如沐春风，精神舒畅。

若问我在南开学习期间收获最大的是什么，我立刻就能回答：是一种自由的"问学"方式。我至今还非常怀念那些与车老师争论、听车老师纵情讲说的场景，要知道有许多学术观点就是在与车老师日常谈话即"问学"中产生的。我似乎觉得这一过程犹如坚冰之上，看去光洁一片，若无边际，难得其要，但坚冰之下是潺潺细流，日复一日，长涌不息，滋润你渐入明朗……而我在后来的数十年时间当中取得的一点学术成绩，有一部分不就是来自于向车老师的"问学"吗？

常　健<sup>*</sup>

## 常青的智慧树

　　从 1978 年做学生时与车老师相识，至今已有 43 年。对我来说，车老师既是我永远尊敬的导师，又像是可以推心置腹谈心的朋友。与车老师交谈，永远不会感到拘束，而且总是会受到鼓舞和激励，当然也少不了新的启发，让人感到思路豁然开朗。

　　我是"文化大革命"后第一届考入南开的学生。给 77 级讲课，哲学系派出了最强的阵容，每个老师都各有

---

　　\* 常健，1957 年生，1974 年初中毕业下乡插队，1977 年考入南开大学哲学系，先后获得学士、硕士和博士学位。曾在英国华威大学、埃塞克斯大学，美国杜克大学、蒙大拿大学，荷兰乌特勒支大学等做访问学者。现任南开大学周恩来政府管理学院教授，南开大学人权研究中心（国家人权教育与培训基地）主任。先后出版《人权的理想·悖论·现实》《当代中国权利规范的转型》《效率、公平、稳定与政府责任》《中国人权保障政策研究》《当代中国人权保障》《中国人权建设 70 年》等学术专著，编写出版《欧美哲学通史》（现代哲学卷）、《现代科学科学》、《公共冲突管理》、《领导学教程》、《公务员培训人权用书》、《人权知识公民读本》等教材，主编《公共冲突管理评论》，主持翻译《公共部门管理》、《公用事业管理》和《领导论》，在专业学术期刊发表学术论文 140 余篇。作为专家参与多期国家人权行动计划的起草工作，并多次作为中国人权研究会代表团成员在联合国人权理事会和边会上发言。

特色。冒从虎老师慷慨激昂，陈晏清老师字句严谨，而听车老师的课则是另一种享受。车老师讲课时，总是满面笑容，深入浅出，不时地讲出一个笑话，全班哄堂大笑。笑过之后，感觉回味无穷，回去再传给其他没上课的同学听。在轻松中见学问，举重若轻，大概算是车老师讲课的特色吧。记得车老师给大家布置作业，然后在课堂上对每个同学的作业进行点评，特别对一些同学作业中的思想火花予以肯定，使同学们受到很大鼓舞。

为了学习的事情我常去车老师家里请教。当时南开大学的地震棚还都没有拆，车老师就住在操场的一个地震棚中，条件十分艰苦。但车老师工作勤奋，出了一本又一本学术著作，令人肃然起敬。车老师在学术资料方面从不吝啬，有求必应。记得大学四年级时几个同学很想找一些外文文献来翻译，车老师就把复印来的一本评述萨特思想的著作给我们翻译，虽然我翻译了自己分工负责的部分，但其他同学由于各种原因没有译完，所以最后没有完成这项工作。我至今仍感到遗憾，辜负了老师的信任。

我没有上过高中，初中毕业后就下乡当知青了，知识功底远不如后来的师弟师妹。特别是在外语方面，当时中学不重视英语教学，学习风气又很差，所以我总说自己是混入大学的。为了学好英文，我想尽各种办法。由于感觉"公外"老师讲的课吃不饱，就去求教车老师，车老师给我们出主意，让我们去找外国哲学教研室的李约瑟老师给我们上英文课。李老师日语、英语、德语都很好，还懂希腊文，曾翻译过罗素的《西方哲学史》。但李老师并不负责教英语课。于是，我与白红光同学一起跑到李约瑟老师的家中，求了李老师整整一个下午，终于求动了李老师出山为我们开课教专业英语。记得当时参加的同学不仅包括77级的同学，还包括78级的几个同学，如李连江和张光，都是李老师经常表扬的同学。李老师亲自找原著教材，每次都打印出来发给大家，不仅教我们翻译和阅读，而且给我们讲这些文献背后的故事。这使我们早早地就开始接触英文原著，为我们以后的外文翻译打下了基础。我后来参与翻译了《人权百科全书》，组织翻译了《领导论》、《公用事业管理》和《公共部门管理》，这都仰仗李老师帮我们打下的英文基础。记得李老师当时告诉我们翻译的准则应当是"信、达、雅"，而且说"翻译人人都是叛徒"，这些话都是我们以后常挂在嘴边教导自己学生的。很怀念李约瑟老师，也非常感谢车老师的建议。

1982年，我有幸考上了车老师的研究生，那一届只有我一个人。当时的学习资料非常缺乏，没有现在这么多的教科书和参考资料，如何快速掌握专业知识成了最重要的问题。我向车老师请教。出乎意料的是，车老师并没有告诉我学习的捷径，而是教给我最"笨"的办法：读原著，而且是读外文原著。对于我这样英语基础较弱的学生来说，读英文原著的难度可想而知。我向老师诉苦说读不懂，车老师说："那就再读。"过了一段时间，我又到车老师那里诉苦说还是读不懂，车老师的回答依然是："再读！"于是我硬着头皮一本一本地啃英文原著，笔记写了一本又一本。尽管这样的方法很累人，进展也很慢，但研究功底就此打下，而且打得扎扎实实，为以后的学术发展奠定了坚实的基础。回过头来我体会到，原来最笨的方法才是最有效的方法。这样，"读读读"这"三字真经"成为我以后指导自己学生的法宝，每次与学生谈起学习方法，总会提起车老师的这三字真经。

在研究生期间，生活中最享受的事就是逢年过节，研究生们一起聚到车老师家中。车老师和师母为我们准备一些饭菜，我们每个人带些自己做的菜，一起吃饭聊天看电视，其乐融融。记得车老师从美国回来，还给我们每个人带了一支圆珠笔，那种笔的样子在当时很是稀罕。车老师家里总是门庭若市，同学们有事就来登门求教，有的喜欢看球的同学还经常到车老师家看电视转播的球赛。车老师的家真像个大俱乐部，那是学生们的家。

毕业留校，车老师放手让我们开课。记得第一个学期就开了四门课，其中还有两门用的是外文的教材。很累，但很感谢老师的信任。在讲课时，我脑海中总是会闪现出车老师的身影。记得车老师曾经说过，教师的职责，不仅是传道授业解惑，更重要的是激发学生对学习的兴趣。这句话成为我后来讲课始终遵循的基本原则，这使我的课还经常获得学生的好评。

我结婚成家，车老师和冒从虎老师都参加了我们的婚礼，还有康博文师兄，他是我们的介绍人。婚礼是在食品街的一个饭店举行的，除了我们双方的家人外，还请了当时教我英文课的美国老师。车老师送给我们一本相册，现在里面还保存着我们婚礼时的照片。

不久，车老师就调到了新建的政治学系，承担建设新学科的重任。听政治学系的老师们回忆，车老师要求年轻教师每个人定住一个方向，深入研究下去，不求一时的得失，坚持若干年必有所成。这一战略对政治学和行政管理学科的发展产生了重要的影响。南开政治学和行政管理专业在国内具有重要影响的许多学术骨干就是在这样的发展战略指导下培养起来的。现在，南开的政治学专业在国内排名前五，这与车老师当时的正确战略选择是分不开的。

政治学、社会学和法学后来合并建立了法政学院，我在2003年从哲学系调到法政学院。作为一个领域的后来者，如何在新的学术领域开展学术研究，我到车老师家里请教。车老师给我的忠告是：找到一个突破方向，集中精力进行研究。车老师的建议为我指明了方向。我根据自己已有的基础、现实的社会需求和学科研究的现状，在人权理论、公共冲突管理方面集中精力开展研究，2005 年南开建立了人权研究中心，2011 年被批准为天津市社会科学重点研究基地和国家人权教育与培训基地，我作为专家组成员参与了《国家人权行动计划》及其评估报告的起草工作，担任了《中国人权事业发展报告》（蓝皮书）的执行主编。在公共冲突管理方面也出版了教材，发表了一系列文章，如今即将出版一本专著。回想起来，车老师给我的战略建议使我受益匪浅。

我每年春节大年初一的第一件事，便是到车老师家拜年，除了有几年不在国内之外，从未间断。每次见到车老师，我都会情不自禁地将自己的工作情况向车老师一一汇报，提出一些不成熟的想法向车老师讨教。车老师总是会认真地倾听我的想法和观点，在给予肯定的同时，发表自己的想法。他两眼永远都放着智慧的光芒，谈吐总是那样幽默风趣，不断闪耀出思想的火花，我不仅感觉不到代沟，而且总是会被激励，他的话总是让我回味很长时间。每次从车老师那里回来，我总是会向夫人发出这样的感叹：如果我们到了车老师的年龄，不知能否像他那样思想敏锐年轻！

2005 年，眼见车老师已经年近七十了，同门师兄弟姐妹们都提出要给车老师祝寿。我将这一想法与车老师沟通，车老师并不支持。我想，这一方面是车老师的一贯风格，不喜欢张扬，追求清淡自然；另一方面，祝寿似乎都标志着人进入高龄，而车老师无论在思考风格还是在思想观点方面始终保持着青年人的朝气，可能并不认同和习惯这种方式。还是尊重老师的意愿吧。

2011年春节前，师母在电梯中被夹骨折，车老师在照顾师母时也扭伤了腰。我们都很担心，希望去照顾车老师。但车老师不让告诉大家，怕给大家添麻烦。车老师是不老的智慧树，我们从心底里希望车老师和师母身体健康，使我们能够随时聆听导师的教导和点拨。已过知天命的年龄，还能获得导师的教诲，人生有此幸事，夫复何求！

武　斌*

## 车老师给我规划了人生的愿景

一

香港中文大学的李连江教授，是小我一届的师弟。他是车铭洲老师的研究生，后来去了美国读博士，再后来就在香港任教多年。这么多年，他一直与车老师保持着十分密切的联系，深得老师的真传，他写的文章，经常引用车老师的名言金句。前几天，他在"车门弟子"群中说，明年车老师就85岁了，想组织同门师兄弟写一些回忆文章，集合成书，作为给老师的贺寿之礼。后

---

* 武斌，祖籍山西盂县，1953年生于辽宁抚顺。小学毕业遇到"文革"，念了一年初中，16岁做工。后考入南开大学哲学系。现为北京中外文化交流研究基地特聘研究员、北京外国语大学比较文明与人文交流高等研究院特约研究员、上海师范大学丝绸之路研究中心研究员、黑河学院远东研究院客座教授。近年出版的作品主要有：《故宫学与沈阳故宫》《丝绸之路全史》《文明的力量——中华文明的世界影响力》《文脉千年》《旧宫遗韵》《瘟疫与人类文明的历程》以及文化随笔集《从歌德的书房向外望去》等。

来他又单独联系我，要求我必须写一篇，并指点我哪些是应该说到的重点。

几天后，他的公号上就推出常健教授的一篇长文。常健是我同班同学，毕业后就考取了车老师的研究生，再后来一直在南开大学任教，成就斐然。他在文章中说，几十年来，每年的大年初一都去车老师家拜年。实际上他这几十年会时常和车老师见面，亲炙老师的风范和智慧，所以他的文章有深厚的情感在里面，有温度也有深度。

连江的约请，常健同学的文章，促使我这些天回想起当年跟随车老师读书的那些日子。于是，我就把我回想起来的片段记在下面。

二

我是恢复高考第一年考入南开大学的。1978年初入学，这样就成了所谓"77级"大学生。我出生在一个矿工家庭，父母的文化程度都不高。我自己也就是完整的小学六年文化，然后就遇到了"文革"，几乎没读过什么书。考入大学时，我已经在一家电信企业里工作了八年。所以，对于上大学，我没有什么明确的想法，也没有充分的思想准备。实际上，在此之前，我不认识文科大学的毕业生，也没有人给我提供任何有益的指导，告诉我上大学是什么"意思",意味着什么。所以,当我走进大学校园的时候,还处在懵懵懂懂的状态。我当时也没有什么雄心壮志,想毕业后如何如何,并不像有的同代人写的回忆文章那样,对于未来有着多么令人鼓舞的憧憬,有着明确的人生规划。我当时的想法很简单,大学里有图书馆,有书读,就行。

我很爱读书。过去家无藏书,书店里也没有多少书可买。为了读书,我到处去寻找,剜门子盗洞地去找,有什么看什么,也不管是否读得懂。前些时候我跟一位朋友说,70年代我在书店里买过一本《只有一个地球》,这本书现在是环保主义的经典,那位朋友还不信呢。其实那时候我买是买了,但是根本就没读明白。

进了大学就好了,南开有一座很大的图书馆,每个学生的借书证可以借十本书。这真是太好了。在头两年,除了上课和完成老师指定的阅读参考书之外,我就开始了大量的、漫无边际的和乱糟糟的读书,用"如饥似渴"来形容一点也不过分。前年我们班同学聚会,大家说对我的印象,就是每天看着我背着书包去图书馆。

我们班的辅导员孙老师,估计那个时候有四五十岁了。他是一位非常热心的老师,对我们十分关心,经常到我们宿舍走一走,看一看,和我们聊天,嘘寒问暖。孙老师非常朴实宽厚,但对每位同学的状况心里都很有数。有一天晚上,在我们二宿舍楼前,孙老师喊住我,像是不经意地跟我聊起来。他问我，最近都在读什么书？我当时年轻不懂事，就夸夸其谈地说起来，说我正在读克劳塞维茨的《战争论》，还在读普列汉诺夫的《论艺术》，还在读大仲马的《基督山伯爵》。反正是得意洋洋，以为会深得老师之心，至少应该得到老师大大的赞扬。

结果，孙老师对我这些夸夸其谈很不以为然。老师没有接我的话茬，而是说，大学的几年其实是过得很快的。过去的老大学生，都是尽量早地确定一个主攻的方向。比如咱们哲学系，有搞哲学原理的，有马哲史，有中哲史和西哲史，有自然辩证法，还有逻辑学等等，给你们上课的那些老师，都是侧重一个方面的专家。读大学期间，就应该以一个方面作为重点，多读这个方面的书。这样，毕业的时候就可以尽早适应工作需要了。

孙老师的这些话我之前一点也没想过，至于毕业以后干什么，根本就没有一点想法，所想到的充其量也不过是在企业充当文化宣传的角色。正如现在有一句流行的话说"贫穷限制了想象力"，其实限制想象力的更主要的是自己的眼界，在井底下看到的天也就那么大。走进大学，这个眼界的转变还需要主动地去提升。

孙老师接着说，大学的优势不仅仅是图书馆，更主要的是那些老师。咱们系的这些老师，都是年富力强、学有所长的大学者。如果有老师指导你读书，就可能进步得更快，更方便地进入到专业的领域。

孙老师的这些话使我如梦初醒，原来上大学是这么回事啊！

孙老师最后说，这样吧，明天我带你去见一位老师，你以后跟他学就行。

孙老师和他说的那位老师都住在我们宿舍旁边的那个教师宿舍里。第二天晚饭后，孙老师在宿舍门前等我，领着我去了那位老师家。

那位老师就是车铭洲。就在那个普通的晚上，我一步就迈进了车老师的"师门"。

孙老师那天语重心长的谈话，以及他领我走进车老师家的那天晚上，是我一生中的两个非常重要的时刻，两个决定了此后生命轨迹的重要时刻。那年，我28岁。

三

几位同学写文章都提到，车老师是一个很有趣的人。车老师的老家在山东，但他会完全颠覆你对山东人的想象。他没有山东大汉的彪悍和粗犷，而是像瘦小机灵的江南才子，思想开阔，思维敏捷，说话十分机智有趣。据说，在几年前，当全校师生都投身到"革命"的洪流之中的时候，他却游离于运动之外，整天躲在宿舍里读书，落得个"逍遥派"的名声。但是，粉碎"四人帮"之后，他竟然拿出多项研究成果，令同行刮目相看。

车老师当时教我们现代西方哲学课，虽然他编写的讲义还冠以"现代西方资产阶级哲学批判"的名称，但在讲课中却总是说明各派哲学中哪些是有价值、有意义的东西，至少让我们获得了理解这些哲学派别的一个新的角度，并且每次讲课都能穿插一些有趣的花絮性话题，看似游离主题之外，其实饱含着智慧。因此，车老师的课很受同学们的欢迎，大家都认为车老师是思想最为活跃、最为开明的老师之一。

孙老师领我去车老师家的时候，他还没有给我们开课。他的课程安排在高年级阶段。好像孙老师之前跟他提过要领我来，所以当时我觉得车老师很热情，很欢迎我。其实车老师对每一位去拜访的学生都很热情，并不是单独青睐谁。但那时候我也没看出眉眼高低，把"热情"当作了"欢迎"，于是就成了他家的常客。

车老师当时应该是四十六七岁的样子，正是做学问的最佳年龄。对于他们那一代来说，时间是十分宝贵的。那个时候王梓坤教授的《科学发现纵横谈》特别流行，当时广为传颂的一段佳话是某某科学家在墙上贴着"闲谈莫过十分钟"，因为对他们来说，时间太重要了。而我之后成为车老师家的常客，不知道占用了他多少宝贵的时间。多少年后，我才对这一点有所领悟，才在心里涌起了十分抱歉的心情。那时候的老师都是那样。我还去拜访过方克立老师、冒从虎老师、陈晏清老师等等，他们都是当时南开的大学者。他们的家门永远向学生们敞开着。

那时候，每周至少有一个晚上，我到车老师家去聊天。开始的时候并没有什么目的，无非是听他说一些书外逸事、学界趣闻、臧否人物。我在这种看似随意的聊天中享受到极大的学问乐趣。时间久远，我已经记不清都聊过什么，不能像连江那样，时不时地就提到车老师这样说、车老师如何说。我现在记得的，对我影响特别大的，有三点。

一是车老师的知识极为广博，天文地理、古今中外，说什么都像是信手拈来。知识是学问的基础，中国知识分子看重的是学贯中西，文理兼通。在这方面，车老师就是一个榜样。

二是车老师的态度，他对任何事情都持有一种积极的态度。比如，谈到各种学问观点，对于哲学史上那些著名哲学家的思想理论，他总是说，他们的思想有哪些合理的因素，对于人类思想有什么价值和贡献。当然，也要说到某些局限和不足，而后一代哲学家正是针对这些局限和不足而继续前进的。当时离大批判的时代尚距不远，讲外国哲学都要戴上批判的帽子。这当然严重影响了对于文化价值的判断。所以车老师的这种态度很重要。实际上他所强调的就是从"原著"出发，从"文本"出发，实事求是地去阅读、分析和评论。

三是独立思考。大家都说"独立思考"，但真正做到是很难的。同学们写文章都说车老师很幽默，其实幽默本身源于智慧，而智慧就在于独立的思考和判断。独立思考也就是一种怀疑的和批判的精神。作为方法论的怀疑和批判，是车老师做学问和看问题的基本出发点。

广博的知识、积极的态度和独立思考，以上这三点，是我现在仍然不能忘怀的。几十年来我也正是按照车老师的这种学术精神要求自己的。后来，学术界的许多同行都说我做学问的思路和方法与车老师有不少相似的地方，我也一直以车老师登堂入室的弟子自居。虽然只是学了老师的一点皮毛，但他的这种学术精神却一直鼓舞着我。

四

做学问，学术精神很重要，"技术"问题也很重要。所谓"技术"问题，就是方法问题。上面讲的是学术精神，实际上也就是思想方法，我说的"技术"问题则是操作的方法。道理都懂了，怎么去进行呢？

后来，我向车老师提出，能否按照读研究生或带徒弟的方式，给我讲一些具体的学问之道。于是，我和车老师以后的交往就成了他单独给我开的一门课，以西方哲学史为中心，指导我读书和研究问题，指导我如何做笔记和写论文，甚至他还把他的笔记拿给我看，以作示范。可以说，正是由于车老师的悉心指导，我才得以走进学问的大门，才走上了"做学问"这条路。车老师不仅教会了我怎样从事哲学思考，不仅教给我进行学术研究工作的技术性方法，更重要的是，从他那里我领略到一种学者的"生活状态"，这也使我渐渐地走进了这种"状态"。

有几件事是值得特别提起的。

有一年放寒假之前，车老师告诉我，他们教研室要主办一个编写西方哲学史教材的研讨会，如果我能早回来几天，可以参加这次会，跟着听一听。于是，我提前结束了假期，赶回来参加了这次研讨会。作为学生，首先要做一些会议服务工作，更多的是旁听，听那些老师们对西方哲学史研究的各种意见。参加这次会议的都是当时高校里从事这一专业的领军人物，平时很难得有机会同时听他们讲话。几天会议下来，我觉得在许多方面都有了更深入一步的了解和认识。参加会议的几位老先生，如北京大学的王太庆老师、朱德生老师，辽宁大学的陶银骠老师等，以后多年，我都和他们保持着比较多的交往。这种交往，对于学术心灵的滋养是十分有益的。

车老师还手把手地教我写论文。他让我读萨特的

《辩证理性批判》的导论部分，然后写一篇文章。我以前也写过文章，自认为写东西不会太费劲。当我写了一篇文章拿给车老师看的时候，他正色说，你这文章实际上就是过去的大批判稿，学术论文的写法不是这个样子的。你先读一读别人的学术论文，然后再琢磨怎么写。车老师的这个批评给我很深刻的教育。之后，几经周折，我写了一篇《评存在主义人生哲学》的文章，再拿给车老师看的时候，他就笑了。这篇文章后来发表在一家学术刊物上，反响还不错。这是我正式发表的第一篇学术论文。

当时车老师正在写一本《西欧中世纪哲学概论》的著作。闲聊中，他经常给我讲一些书稿中比较得意的内容或写作的心得。在他完稿之后，我请他允许我替他抄写书稿，以尽弟子之道。其实我心中另有打算，想利用这个机会体验一下这本书是怎样写出来的，完整地把握一本书的结构和意蕴。于是，我用了一个多月的课余时间，工工整整地抄完了这部20多万字的书稿。随着一笔一画、一字一句地抄写，我逐渐熟悉和跟上了老师的思路，逐渐了解了他思考问题的角度和表达方式，也似乎在体验着他从事中世纪哲学研究和写作这部著作时的工作状态、心理状态和精神状态。一本书抄下来，我对自己将来从事写作活动也有了几分信心和把握。

一天，车老师拿来一本英文书，是他从图书馆借来的，他建议我把这本书翻译出来。这本书是两位美国作家写的，叫《大哲学家生活传记》，有三百多页，翻译成汉字有二十万字左右。当时我的英语水平也就是公共外语课教的那样，认识几个字，充其量也就是个"二百五"。但是"二百五"也有一种"虎"劲。那些天，我拿着英汉词典，一字一句地硬看，一共二十篇文章，翻译出来一篇就给车老师拿去看一篇，他再校对修改。这样用了将近半年功夫，才最后完成。通过这个"翻译"的训练，我自己的英语水平当然有了一些提高，更主要的是对西方哲学史又有了比较深入的了解。这本书讲的都是有影响的大哲学家的生活故事，这样讲，他们就不再是教科书上的抽象的概念，而是一个个活生生的具体人物。知道了他们的生活故事，对于他们的思想学说，就感到亲切了许多，也能更好地去理解他们的思想。后来，这本书稿在辽宁大学哲学系举办的西方哲学史教师进修班上作为辅助教材油印了一次，前几年有一位朋友跟我说，他还收藏着那个油印本。再过几年，这本书由书目文献出版社正式出版了，再过了二十年，又由天津百花文艺出版社再版。

从这本书稿开始，我对那些哲学家们的生活故事有了浓厚兴趣。多年后，我有机会到欧洲游历，每次都去寻访那些哲学家们的生活遗迹，我去拜访过苏格拉底监狱、笛卡尔墓地、黑格尔故居、巴黎的先贤祠等等。我把这些寻访的心路历程写成小文章，汇集成一本书，叫《漫步在哲学家小路》。车老师看到这本书跟我说，这些文章令他很激动，那些地方都是我们学哲学的人心目中的圣地。

在后来与车老师的交谈中，他多次与我讨论哲学史上怀疑主义的问题，论述怀疑论在哲学史上的重要意义。他建议我系统地整理一下怀疑主义的发展线索、不同阶段的特点和在哲学发展史上的地位与作用。我按照老师的要求，从古希腊哲学开始，把各个阶段的怀疑思想的论述都摘录出来，包括怀疑主义思想、作为方法的怀疑论、认识论上的不可知论等等，从智者学派一直到康德哲学。这个过程对我有重大意义，我认识到，从一个侧面深入挖掘，是了解和把握哲学发展线索的重要途径。做其他方面的研究也是这样。后来我把这些材料汇集，写成了一本《批评的怀疑主义史》的著作。这本书稿始终没有能够出版。前年去见车老师，他还提起这件事。

《论语》中子贡说："夫子之墙数仞，不得其门而入，不见宗庙之美，百官之富。得其门者或寡矣。"老师学问的围墙有几丈高，我们在外面蹦得再高，也只是看得见点皮毛，而看不到宗庙大殿的宏大壮美。在南开的那几年，我跟车老师读书，但也就是在他学问的围墙外面蹦高。"夫子之墙数仞"，是我们怎么努力也不可攀的。

## 五

大学毕业的时候，车老师希望我留在南开，就留在他们教研室工作。但这时候我没有听老师的话，选择了离开。理由现在说起来其实很可笑，天津夏天的闷热潮湿令我难以忍受。结果，我放弃了留在老师身边的机会。

在我的人生经历中，这是一个最不正确的选择。在南开的那几年，车老师为我规划了人生的愿景。我牢记着这个愿景，它也确立了我走学术道路的初心。此后，我也一直没有忘记这个愿景，没有忘记这个初心。但是，离开了老师直接的教导，离开了南开大学那个做学术的大平台，往后的路会有多么艰难啊！

一位曾在军队工作过的朋友说过一句话：打仗最重要的是占领有利地形。还有一个生物学或是进化论上的道理：在狭小的空间里不会产生大型动物。我从一个"有利地形"转到了一个"不有利的地形"，这仗打得就极为艰苦了。我已经没有成为"大型动物"的梦想，但在"不利地形"的阵地里，我还在坚持着。

2020 年 11 月 17 日

# 穆建新*
## 人生的启明星

　　1980 年的 4 月 15 日，法国的萨特先生去世了。我那位法国留学生好友，转天在食堂告诉我了这个消息，然后那天晚上他给了我一本书，《存在主义——从尼采到克尔凯郭尔》。我当时只知道尼采的思想是那种"唯意志论"，至于克尔凯郭尔，就根本就没听说过，也不明白他们俩怎么和存在主义连到一块儿了，于是赶紧去找车铭洲老师。

　　哲学系开设的课程中，我最喜欢车老师的《现代西方哲学》。我在中专时候学的是通讯专业，进入南开大学哲学系后，脑子里的克希荷夫定律和卡萨格伦天线还没清洗干净，康德的《纯粹理性批判》和黑格尔的《逻辑学》就被塞了进来，弄得我晕头转向，一度很是后悔

　　* 穆建新，1951 年生，下乡插队，务农耕三耙六；选调回津，务工铁道通信。七七恢复高考，歪打误撞入南开大学哲学系，毕业分配到天津大学任教，自认诲人不倦。后弃教从商，一无所获。及至入主泰达足球，晚节不保，归于踢球打蛋儿一类。欲儒而懒学，欲富而不达，无奈花甲归隐也。

自己跑到哲学系来念书。后来一上车老师的课，他的风趣幽默立刻吸引了我，渐渐觉得哲学真的很有意思。他好像在逻辑密室的屋顶上给我开了一个天窗，让我看到了更为广阔的天空。记忆犹新的是车老师曾经讲过的"自由与责任"和"人生的偶然性"问题。同样都属于哲学范畴，但用不着费劲的思辨，只要仔细琢磨就行了，何况很多问题与我们的实际生活直接相关。

见到车老师，我拿出那本书，他翻看了一下对我说："非理性主义思潮不是凭空产生的，对人本身的研究很早就有，只不过现代偏重于人的非理性方面。学习一个东西一定要前前后后联系起来，多看些书。目前克尔凯郭尔的资料不太多，你看完给我看看。"说实话，那本英文原版书让我拿着字典一点点看，没两年不行。于是赶紧说："您先看吧！我好多该看的中文书都还没看呢。"

最后我的毕业论文就写了存在主义，没想到的是，车老师竟然给了我"优+"的评分，还加上了一段肯定的评语。前面说过，对于学哲学，和我的同学比起来，我有很强的自卑感。我属于那种比较感性的人，生活随性，爱好广泛，学什么都凭兴趣，但很难把对一个东西的学习持久地坚持下去，更别提前后左右的那种缜密思维了。刚进哲学系的第一门课是哲学原理，授课的陈晏清老师又以思维缜密著称，加上对学生比较严格，我当时的考试成绩是全系倒数第三名。"不是学哲学的材料"这个阴影伴随了我整个本科的三年半。我心里很清楚，那篇论文"连抄带编"，加上"胡乱评论"，哪里配得上车老师的评定，这明显是对我这样一个落后生的鼓励和对我今后学习的一种激励。毫不夸张地说，车老师的这个评定带给我的不仅仅是学习兴趣的提高和学习态度的积极，更重要的是，他推动了我人生道路上一个由自卑到自信的转变和飞跃。

毕业后，我被分配到天津大学任教。当时的校长史绍熙是美国麻省理工学院毕业的，他认为理工科的学生一定要改变知识结构，多学习一些文科课程，这是提高学生综合素质的必需。于是他模仿麻省理工学院的人文与社会科学院，在天大成立了人文与社会科学系，这就给了我一个锻炼和发挥的平台。当时系里开设了西方现代哲学的选修课，由我主讲。理工科学生在文科方面都有所欠缺，加上现代西方的一些思潮在当时年轻人眼里很是时髦，所以教学效果不错，轰动一时，我心里不免有些得意。

1986年一次南大师生聚会，车老师对我说："听说了，你在天大课讲得不错，继续努力！"我赶紧回答："哪里啊！都是跟您学的啊！就连新接一个班的开场白都模仿您那个孔子睡觉的故事。"车老师笑了，然后又目光专注地对我说："别光图讲课效果，要把握一个度，一定要注意批判继承。"乍一听，很像是老师对学生的一种绝对正确的泛泛嘱咐，也就没有引起我足够的重视，我没能理解车老师话里面的深意。那时候正值高校中对学生进行"反对资产阶级自由化、反对异化和反对资产阶级人性论"的教育。最后我还是因为自己的轻狂，不得已离开了天津大学的讲坛，改行跑到天津开发区做经济工作去了。1987年底的最后一天，我在天大办完调动手续，骑车穿过南大校园回家。看着主楼，想着上一年师生座谈的那间教室，才真正体会到了车老师那句话里对我深切的关心和爱护。

离开南大的几十年中，间或有师生的聚会，他还是那样精神矍铄，目光睿智，风采不减当年。他的即席发言没有那种常见的客套寒暄，总能在某个点上爆出当下时髦话的那个"梗"，诙谐幽默，使你会心一笑。幽默是一种智慧，内里是知识的丰厚和人情的练达。知识和阅历都可以从外部获得，而智慧则完全依赖自我觉悟后的升华，没人教你，也不一定学得来。车老师身上那种智慧的风范，不仅令人钦佩，而且令人欣赏。

老话儿说：师傅领进门，修行在个人。我由于改行做经济工作，很少有机会再去找车老师请教哲学专业问题了，但是他当年在课堂上所讲的课，以及要求我多看书和指点我前后联系起来看的思维方法，影响了我的一生。随着年龄的增长和阅历的积累，加上形成了生活习惯的买书看书，我不仅能够对当下的社会变化有了更为深入的理解，而且对人生世态炎凉竟然有了某种俯视感。

我不太同意"一朝为师，终身是父"那句话。不忘师恩当然是必需的，但"传道、授业、解惑"是教师原本的责任和义务，没必要对师生关系做夸张的伦理道德比附。学生们终归要离开学校四散于社会，不可能一辈子厮守着老师，也就不可能尽孝于"父母"之师。如果能在其后的成长过程中遇到问题时，回过头来再找老师以求"解惑"，体会那种"与君一席谈，胜读十年书"的豁然开朗和顿悟，那才是对老师的最大尊重，而且是一种实实在在的尊重。

于我而言，车老师更像是启明星。"东有启明，西有长庚"，启明星不是光源，不会像太阳那样总在照耀着你，但我在人生的道路上，无论是在晨曦的朦胧中，还是在黄昏的暗淡中，都能看到天边的那一点明亮，犹如车老师睿智的目光。

一次去巴黎，我找到萨特当年常去的那个花神咖啡馆，买了杯咖啡在一个靠窗的位子上坐下来。里面人不多，散坐着几位法国老者，银发秃顶，便装西服，很是悠闲。扭头看街上行人，白人、黑人和一看就知道身份的阿拉伯人来来往往，我不由得想到了巴黎多年不断的恐怖袭击和欧洲的难民潮，又联想到亨廷顿那本《文明的冲突》。面对欧洲社会的激烈动荡，反正尼采和克尔凯郭尔是解释不了了，估计哈贝马斯和福山们也得挠头，难道真应了萨特所说的"他人就是地狱"？自己坐在那儿，脑子里一大堆问题，越想越不明白，觉得要是车老师那时候也在巴黎该多好，我会立刻去找他。

王之刚<sup>*</sup>

# 记忆与祝愿

前不久，在 78 级老同学们的论坛上看到通知，说是车老师执教五十年，希望各位学友写点纪念性的文字。

犹豫很久，迟迟不能动笔。不动笔，并非不想写点什么。而是觉得只有像张光兄、连江贤弟这些亲聆教诲者方有资格写，我只不过是在上学期间，听过一学期车老师开的"现代西方哲学"课而已，接触不多。虽然毕业之后，因工作需要又曾经在社联举办的培训班听过几个月车老师的课，但总而言之，接触不多。只是到了后来调动工作，从事编辑之后，方在开会时有机会单独与车老师进行交谈，后来还发表过一篇车老师的文章，但依旧属于"接触不多"。

但是，这并不意味着车老师没给自己留下很深的印

＊ 王之刚，1958 年生于天津，1978—1982 年就读于南开大学哲学系，1982 年 9 月—1988 年 3 月在天津建工局党校任教，1988 年 3 月—1989 年 4 月在《天津社联学刊》编辑部任编辑，1989 年 5 月—2018 年 9 月在天津社科联《理论与现代化》编辑部任编辑。

象。在上学期间还没见过车老师之前，我就已经耳闻过不少关于车老师的消息，主要是关于车老师的学问方面的。那时，虽未见面，心向往之。及至到了大学高年级，开了关于现代西方哲学的课程，我才终于有机会见到仰慕已久的车老师。

记得上车老师第一堂课时，他开场白的第一句话就是"知识分子爱睡觉"，"何以证之？有史为证"。然后就讲了一个故事：一天，孔老夫子上课，有学生课上打盹，孔老先生不高兴了，发起怒来，质问学生为什么上课睡觉。学生无言以对，只有接受批评。又一次，孔老先生让学生背书，学生们叽叽喳喳开始背起书来。一会儿，老先生居然在学生背书时打起瞌睡。于是，那天受到批评的学生质问孔老先生，为什么学生背书，老师不听，反而睡觉。孔老先生很生气，说道："我没睡觉!"学生问："没睡觉，为什么闭眼睛?"孔先生说："我有事!"学生问："什么事?"孔先生不耐烦地说："我见周公去了。"学生知道老师崇拜周公，心想既然见周公去了，属于确实有事，不再发问。第二天，学生上孔老夫子的课，又睡起觉来，孔老夫子又去质问学生为什么不背书。学生这回学聪明了，说："我也有事!"

"你有什么事?"老夫子厉声质问道。

"我也见周公去了。"

孔老夫子心里明白这是说谎，问道："周公和你说什么了?"

学生答道:"他说昨天没见到你。"

于是,大家哄然大笑。接着车老师说,如果我讲的课,不爱听,可以走,也可以睡觉。如此豁达的态度,即使现在想起,也让人从心里起敬。当年西南联大为什么能在那样艰苦的环境下,培养出那么多的杰出人才?除了当时教师水平高、敬业,学生刻苦之外,一个重要的条件就是自由的空气弥漫在整个校园里。学生上课可以和老师有不同意见,甚至争论,但老师在学生需要帮助的时候,绝不会因为和自己见解不同而拒绝。各种不同的学术观点可以自由发表,不必担心有人会打小报告。车老师的风格,在我看来,就是当年西南联大精神的继承和再现。这在当时十分难能可贵。虽然车老师不要求学生每堂课必听,来去自由,但是,车老师的课从来没有人迟到早退,去晚了,可能还会没有座位。这一方面与车老师讲的内容有关,当时"文革"结束没几年,人们对外界知道得很少,非常渴望了解西方哲学家的思想;另一方面,我觉得也是更重要的方面,与车老师的人格魅力和吸引力有关。

车老师给我留下很深印象的另一方面就是:具有认真严谨学者所具有的科学态度。车老师讲现代西方哲学时,讲到实用主义提到了大胆假设,小心求证。还举了一个例子,至今记忆犹新。大意是:《红楼梦》是讲爱情的故事，就是贾宝玉爱林黛玉，林黛玉是女的，女的手艺活谓之女红，因此，女也就是红，红就是朱，朱就是朱明王朝，贾宝玉是清朝人，清朝人爱明朝人，因此，《红楼梦》是反清的，也即革命家看见排满。

我们上学的那几年，"文革"刚刚结束不久，人们的思想多少还有一些"文革"遗风。特别是在对西方哲学思潮的评价上，几乎清一色的官话套话。这些官话套话，有的是在做戏，有的是真的深入骨髓，逃不出来了。这与那一代人的成长环境和在环境熏陶下形成的僵化思想有关，也与学识不够导致的肤浅有关。而车老师却没有因为那样的环境而思想僵化，始终保持了一个严肃的学者应具有的批判精神。

当时，学完中国哲学史、西方哲学史后我就有一点怀疑，难道研究哲学史的目的就是在哲学家们那里划线，谁可以归入唯物主义，谁可以归入唯心主义，谁可以归入辩证法，谁可以归入形而上学？现在想来，其背后的理念无非就是：凡是唯心主义都是不科学的、反动的；凡是形而上学都是不科学的、反动的。凡是唯物主义都是科学的、进步的；凡是辩证法都是科学的、进步的。这种僵化的教条，居然以辩证法的名义到处套用。

这样一种漫画式的、滑稽的两军对垒哲学史，就是当年学术界的真实状况。甚至连最具有反叛精神的大学生，也逃不出这个怪圈。记得车老师在课程就要结束时，给大家布置写论文，特别提醒大家，千万别像他前面教过的学生那样，当代西方思想家、哲学家在他们那里，没有一个不陷进去的——不是陷进唯心主义的泥坑，就是陷进形而上学的泥坑。

反观车老师对西方现代哲学家的评价，就没有当时流行的那种痼疾。都是本着客观的科学精神，西方那些哲学家讲得有道理的地方就肯定，讲得不那么科学的地方就否定，绝不跟风，以自己的独立思考所得作评价，指出西方的哲学家中多数人是比较正直的学者，不是御用文人。记得我大学毕业参加工作后，单位给我订了几本杂志，其中之一是《哲学译丛》。有一期里面有一篇西方学者写的关于中国当代对西方哲学研究现状的论文，其中就讲到了车老师和王守昌合著的那本虽然不厚，但经得起时间考验的《现代西方哲学概论》。而当时已有的几本关于现代西方哲学很厚的著作，却没有被提及。这在我个人看来，根本原因就是坚持了独立思考，所作评论比较客观，经得起时间考验和过滤。

还有一件事，我至今也记得。当年南开大学请了一位外校学者，给大学生讲弗洛伊德的精神分析学，由于涉及性这一当时敏感的话题，听者云集。我当时没有去听，但是听者回到宿舍兴奋异常，觉得大开眼界（其实20世纪30年代，郭沫若早就将这一理论应用到了考古学研究中），结果引起了有关方面的警觉，觉得那个学者只注重理论介绍、知识介绍，正确引导不力，怕学生走入歧途，于是特别邀请了车老师对弗洛伊德理论做一番"马克思主义"的分析、批判（记得是在 312 阶梯教室）。虽然有这样的定调，车老师仍然本着一个严肃学者的科学态度，没有对弗洛伊德的理论作漫画式的批判。在指出其理论的性一元论失误时，仍然肯定了弗洛伊德的理论贡献。

时光流逝，转瞬中年，斯时情景，历历在目。车老师当年讲课的风采，幽默的谈吐，和蔼的待人态度，严谨的治学精神，无不给我留下深刻的印象。我觉得一个人的一生，特别是在求学阶段，能遇上一个学术造诣深厚的学者，实在是一件非常值得庆幸的事。在车老师执教五十年之际，写下上面一点文字，表达一下自己对老师的一点敬意之情，祝车老师身体健康，长寿更长寿！

2012 年元月

补记：我的大学亦真亦幻

我生于 1958 年 9 月。按"文革"以前的规定，应该在 1965 年上学，但当时招生年龄划定为 1958 年上半年出生的才有资格报名（实足 7 岁）。因此，如无意外，应在 1966 年上小学。但由于"文革"爆发，1966 年天津地区没有招生，所以拖到了 1967 年，我 9 岁才上小学。"文革"时期，天津地区小学为五年制，但到 1972 年该小学毕业了，又恢复了六年制。这样，我 1973 年夏才小学毕业。1973 年 8 月下旬升入中学。中学三年，其实没怎么上课，7 次学工劳动、1 次野营拉练占去了 14 个月时间，再除去寒暑假，实际上课时间也就一年多点。1976 年秋升入高中，10 月粉碎了"四人帮"，但是，"文革"遗风尚在，1976 年底、1977 年夏又在工厂劳动了两个多月。由于当时经历了 1976 年 7 月 28 日大地震，升入高中后，时有余震发生，仍不能正常上课，经常停课。因此，整个初、高中阶段 5 年时间，真正上课时间，只有 3 年左右。因此，我们这一代人是不幸的，从小学到高中，没有在正常轨道上系统地学习各门知识。到了 1977 年恢复高考时，"文革"前初中、高中应学的内容我都还没学过，比如韦达定理、参数方程，等等。从 1977 年年底开始，我一方面要学习高中应学的内容，还要弥补过去初中没学过的内容。可以说，从 1977 年底到 1978 年 7 月高考，真正的正常学习，只有半年左右。但我们这一代人又是幸运的，在高中后期，赶上了恢复高考。1978 年 10 月我升入南开大学，开始了为期四年的新的学习生活。上大学既是我过去不敢想象的事，也是我梦寐以求的事。

现在回想起来，我的幸运一是赶上了恢复高考，并考上了大学；二是赶上了 70 年代末到 80 年代中期，我国高等教育史上人文环境相对较好的时期，虽然当时的思想还没有从计划经济的窠臼中摆脱出来。一方面，当时清末民初那一代大师级老学者尚健在，他们的为人和学问是我们学习的榜样（不能学其一万，便学其万一）；另一方面，77级、78级这一中国教育史上最特殊的群体，其中大多数人学习的自觉性非常高，有一种把被耽误的时间夺回来的劲头。这种环境感染着我、激励着我。我为自己身边有这么多优秀的学长感到无比庆幸，他们丰富的人生经历、高超的学习能力、积极主动的自觉性是我学习的榜样。

更为幸运的是，我遇到了很多诲人不倦、值得我尊敬的老师。其中车老师是给我留下难忘印象的非常优秀的老师。

车老师讲授的现代西方哲学是受到普遍欢迎的课程之一。听车老师讲课是一种享受：一方面，车老师讲课语言生动活泼，说理性强；另一方面，车老师完全没有当时那个环境下对西方哲学的左的偏见，这非常难得。我个人认为，这是车老师的书能经受时间考验的根本原因。这也与车老师长期研究西方哲学有关，形成了开放、包容的胸襟。另外，车老师讲课时说过的一句话，对我影响非常大。车老师说，不要把过多精力用在考试上，当然，考好了，很好，没问题，重要的是要把时间用在广泛的阅读上，要利用大学藏书丰富的优越条件，不断拓宽自己的视野。可以说，这句话影响了我的一生。虽然我没有像连江那样，毕业后，又回到了车老师身边，读研究生，跟车老师有了更多的接触。但我对车老师的敬慕是一贯的，是不比别人少的。在我参加工作后，当我听说车老师在天津社科联讲授西方哲学时，便跟单位争取，报名参加了培训班。

在原单位工作了 5 年后，我跳了出来，到天津社科联当了理论刊物的编辑。一干就是 30 年。其中从 1999 年到 2001 年，我在天津外国语学院社科部担任了两年哲学课老师（兼职），讲授马克思主义哲学。在 36 年的工作历程中，我前后当了 8 年老师，30 年理论刊物编辑，直至退休。一辈子没离开理论界。

2020 年 11 月 15 日

# 杨 龙[*]
## 在车老师身边成长

我在大学教书二十多年了，从刚刚上讲台的时候我就时常想，我的水平赶不上我的老师，我教出来的学生，水平怎么能够高呢？惶恐之下，这些年也就过来了。这种唯恐误人子弟的担心来自我对老师的景仰，特别是车先生这样的老师。虽然我也当上了教授，也快六十岁了，但每次看望车先生，都会学到东西。这些收获也可能是学问上的，也可能是处理公务方面的，也可能是一种新的思路。自己永远也无法超越车先生，这是我多年来工作在车先生身边的真切感受。对于这种感受我倒也不觉得遗憾，相反倒觉得是一种福气。每当我遇到困惑的时候，能够有人指点；思想枯竭的时候，能够有

* 杨龙，1952年生于天津，1979—1983年在南开大学哲学系读本科，1983—1986年在车铭洲教授指导下读硕士，毕业后在南开大学周恩来政府管理学院任教，1999年获吉林大学法学博士。专著包括《经济发展的政治分析》《西方新政治经济学的政治观》《发展政治学》《中国政府近期主要问题的政治分析》《政府经济学》《新政治经济学导论》《新型工业化背景下的政府职能研究》，另有论文多篇。曾任南开大学周恩来政府管理学院教授、常务副院长、亚洲研究中心主任。

人激发我的灵感；身心疲惫的时候，有人会给我鼓励。这难道不是一种幸福吗？

一

我的教学生涯非常普通，自硕士毕业后留校，两年后评上讲师，再过五年评上副教授，再过五年评上教授，计十二年。虽然没有任何破格晋升，却也没有一次耽误，每次都是到年限就能够顺利晋升。在大学里能够做到这点，也很不容易，车先生的指点和提携是至关重要的。

我1986年留在政治学系，硕士阶段的西方哲学方向需要转行。我打算就近转到西方政治思想史，得到时任系主任的车先生的首肯。开始并不顺利，我硕士阶段学得不好，没有论文发表。到政治学系任教以后，又有辅导员的任务，出成果慢，车先生很着急。当我终于有文章发表以后，拿去向车先生报告，他的兴奋溢于言表，那一幕我至今难忘。从此以后，我就有了做学问的信心和动力。

车先生对于青年教师的成长有自己的激励方式。在20世纪80年代，申请国家课题还是新鲜事，对于刚刚留校的青年教师更是不敢想，但是车先生鼓励我们大胆申请课题，并且亲自为我申请国家社科基金青年课题写推荐信，当时我申请的题目确实有点大胆："经济政治学探索"。写论证的时候我就请教过车先生，他给我热情鼓励，精心指点，他写的推荐意见对于从政治的角度研究经济问题，给予了充分的肯定，其中的一些评语我至今还记得。我于 1990 年获得国家社科基金青年项目。当时我们系还有其他青年教师也得到课题资助，这在南开大学的文科各系还很少见。这使得政治学系这个刚刚建立不久的系，在南开的文科中有了不小的影响力。这是车老师治系的功劳。拿到了课题，车老师马上对我提出进一步的要求：出自己的书。出书对于当时的青年教师来说，绝不是一件容易的事。正是在车老师的激励下，在这个课题的推动下，我于 1993 年出版了我的第一本书，并顺利评上了副教授。其他青年同事也陆续出版了自己的著作，这在当时的文科各系也是不多见的，论青年教师的水平，政治学系在校内算较高的。记得车老师对其他系的人"炫耀"，在政治学系没有著作评不上副教授。

当上副教授以后，车老师又给我们提出更高的要求：形成自己的专业方向。车先生及时的提醒使得我明白教授应该具有的水平，便继续在新政治经济学这个方向上努力。由于进入这个领域早，又持续发表论文和著作，渐渐地，我在国内的这个领域走到了前沿。1998 年我有资格申请教授职称，并顺利地通过，迈上了人生事业一个重要的台阶。这个阶段车先生对我的启示主要在于开拓我的视野，鼓励我的新想法，并帮助我分析学术界的动向。这些指点对于我来说，都是非常及时和重要的。

## 二

我在校内住了二十年，得以经常去车先生家串门。开始去的时候不知道说什么，一坐就是两个小时，但车先生从未不耐烦，总是耐心地与我聊。现在回想起来，很多东西是在这不经意的聊天中得到的。我的女儿从记事的时候起，就跟我去车爷爷家。她小的时候喜欢听大人聊天，在车先生家她也是个听众，更为吸引她的是先生家的猫。记得车老师有句"名言"："爱动物才会爱人类。"他家的猫多的时候有3只。当我女儿能够听懂我们的话的时候，车先生就一再告诉她将来一定要出国留学，了解世界。

我也经常为孩子的培养问题请教车先生，每次都得到老师的点拨。记得女儿高考填写志愿的时候，我拿不定主意，特意去征求先生的意见，最后还是听了先生的建议。孩子长大以后也愿意去车爷爷家，听先生的高论。我女儿大学毕业后出国留学，在选学校的时候，车先生也给予建议。由于其中一个发了录取通知的美国学校与车先生的儿子车颂在一个州，车颂还专门给我写信，欢迎我女儿刚去得州的时候，先住他家。先生、师母，车先生一家人对我们的关爱，点点滴滴，难以忘怀。

## 三

自 2000 年前后起，我也开始做一些行政工作。这个阶段再去车先生家，还能得到工作方面的指点。在学科建设、科学研究的组织、学科方向的设置、教师队伍的培养、学生的培养等方面，先生均有所洞见，对我的工作有很强的指导意义。这个时候我从先生处得到的更多的是启发，先生看事情的视野宽，分析问题时的立意高，每每启发我新的思路和想法。先生对中国人的处事方法了如指掌，对教育界的事情尤为了解，每每在分析教育部或学校的大事的时候，总能提出精辟的见解，令我茅塞顿开。至今我还记得一些车先生的"语录"，比如"民主就是麻烦"——非常精到地点出了民主的一个基本特点。

我最佩服的是车先生的体格和脾气。自 1980 年代开始，在我的记忆里，车先生的体型、做派、脾气就没有变过。车先生从来没有胖过，但总是那么精神，很少生病。我的记忆里从来没有见过他生气，总是那么有耐心。车先生的经历很坎坷，比如当年没有去成苏联留学，"文革"期间也不能从事教学和科研，但他从没有在我们面前抱怨。对于时局他总是乐观，对国家大事做出客观的分析，其言谈中又不乏幽默。所以，每次去先生家，都是如沐春风，受益匪浅。赶上年节，去看先生，又是一番景象：往往是高朋满座，谈论的话题更是引人入胜。由于留守母校，我经常会陪回校的同学一起看望车先生。每每在这个时候，浓浓的师生之情溢于言表，令人感动。

今年*是车先生从教五十周年，承蒙康大师兄发起，各位同学以自写文章的方式庆祝，真是件大好事。借此机会谢师恩，并衷心祝愿车先生和师母健康长寿。

---

* 2012 年。——编者注

朱光磊[*]

# 庆祝车老师从教五十周年

尊敬的车老师、老师们、同学们:

大家好!

首先,我代表学校对车铭洲老先生从事教育事业五十周年表示热烈的祝贺!昨天下午,校党委书记薛进文同志专程前往车老师家,向先生表示亲切问候和热烈祝贺。正在斯洛伐克出差的龚克校长今天凌晨请我代他向车老师表示衷心的祝贺和亲切的问候!在这里,我代表学校,并且以我个人的名义,再讲几句,以感谢先生五十年来对南开大学,特别是对学院和政治学学科的发展,所做出的杰出贡献,以及对我和侯波的教导和帮助。

车铭洲先生是我国著名的哲学家、政治学家。他博

---

  * 朱光磊,南开大学哲学系80级本科生,经济学博士,长江学者特聘教授、国务院学位委员会学科评议组成员(政治学组),周恩来政府管理学院讲席教授,全国政治学教指委副主任委员,中国政治学会副会长,天津市行政管理学会会长。曾任政治学系主任、法政学院院长、周恩来政府管理学院院长、副校长兼教务长。

学多艺、融贯中西，却以天下为己任，淡泊名利、所求唯真。车先生认真严谨，潜心治学，迄今出版了许多有影响力的著作、教材和论文。车先生的这些优秀科研成果无疑是中国政治学界和哲学界的一笔宝贵财富。在"文革"不能正常工作时期，车老师通读了《马克思恩格斯全集》，这种毅力，这种一心向学的精神，真是令人惊叹！由于对学校工作的历史性贡献，车先生曾在1990年获得天津市"七五"立功奖章，1994年获得宝钢基金优秀教师奖，同年获得天津市"教学楷模"称号。尽管获得过如此多的荣誉，车先生依然将教书育人作为首要工作，像一名普通教师一样辛勤耕耘于三尺讲台。

车先生是一名资深的南开人。自从1962年在北京大学毕业后，先生就开始在南开大学任教，如今已过五十个年头。车先生在职期间，曾历任南开大学哲学系教授、西方哲学教研室主任、政治学系主任、南开大学教务长并兼任法政学院院长等职务。同时，车先生还担任过国家教育部政治学科教学指导委员会副主任委员、天津社会科学界联合会副主席等重要的社会兼职。退休后，车先生仍旧心系南开，活跃在教学一线，定期赴滨海学院亲自为学生授课，并出任滨海学院首届董事会董事。可以说，车先生将毕生精力都贡献给了南开——这片留下了他青春和汗水的地方。

车先生还是一名与时俱进的教育家。在 20 世纪 90 年代担任南开大学教务长期间，车先生针对高等教育事业的发展提出，"转变观念、开放创新是高等教育事业的主旋律"，应当建立超前于社会观念变革的高等教育"快速反应机制"，在高校经济和高校产业的发展上有所开放，在学科建设和人才队伍建设上有所创新。在人才队伍建设上，车先生主张大学教师应将教学与科研紧密结合，应既是一个教育家，又是一个研究家；既要懂得教育教学的规律，掌握教学的艺术和方法，又要在教学的同时做高水平的研究工作，以创新精神将学科前沿理论向前推进。在教育教学上，车先生强调"一流的研究型大学，一定要教育出一流的本科生"，要"专心、专业、专长"，以获得自身进一步的发展。车先生的这些与时俱进的小学理念，在南开建设高水平大学的过程中起了重要的作用。

从对学科和学院的角度看，车老师有三大突出贡献：一是积累了一批水平较高的专业人才，为此后的快速发展奠定了关键性的基础。二是最早提出了"周恩来政府学院"这个名称的动议。车老师历来思想很敏锐。早在 1994 年作为"虚体学院"的法政学院成立前后，车老师就提出过"周恩来政府学院"的提法。据先生说，他受哈佛大学肯尼迪政府学院模式和滕校长一次谈话的启发，产生了在南开大学成立周恩来政府学院的设想。我记得这大概是在 90 年代中期。我和政治学系的几乎所有同志都赞成这个想法。但是，当时我们连行政管理本科专业都没有，那时南开的法学、政治学、社会学和公共管理等学科的规模都比较小，还没有分别独立建院的实力，所以也只能就是个想法。从 2002 年 1 月 18 日开始，面对举办 MPA 和法学需要独立建院的情势，学校着手考虑法政学院的拆分问题。为此学校做了大量的调研，听取了方方面面的意见，中间也有人"插杠子"，但整个决策过程是非常认真的，直至最后满足了我们的心愿。三是对国际关系学科的大力推动，对全球问题研究和国际政治经济学等学科的发展给予了特别的支持。

从我个人成长的角度看，车老师是我研究中国政府过程和开设这门课程最早的动议者，而且比我还坚决和能坚持。他 80 年代中期从明尼苏达大学访学归来，就指导我开始备课，课纲成为我后来完成《当代中国政府过程》一书的提纲。这直接奠定了我一生从事政治学教学和研究工作的主要基础。

车铭洲先生五十年如一日，根植于巍巍南开园，毫无保留地奉献着自己的青春和智慧，以高度的历史责任感、敏锐的学术洞察力和极其旺盛的研究活力，为南开政治学的恢复重建和开拓发展做出了重要的历史性贡献。南开之所以能够成为国内最早开出计量政治学、发展政治学、中国政府过程、政治地理学等课程的大学，与车老师的远见卓识和敏捷判断是分不开的。

作为车铭洲先生的弟子之一，当我回顾先生的治学施教历程时，我看到的是他那立志将毕生心血献给教育事业的无私情怀，他利用一切机会为南开政治学奔走的不辞辛苦，他永不懈怠地追逐学术尖端的创新意识，他甘为人梯培养新人的坦荡心胸，还有他先天下之忧而忧常怀时代之激情、后天下之乐而乐不失儒雅之风的人生态度。在我的求学之路上，能够得到车老师的传道授业、指点迷津、循循善诱、谆谆教诲，是我毕生难以求得的荣幸！在此，请允许我并代表我的家属，对老师、老领导的培养和帮助表示由衷的感谢！祝愿先生和师母晚年幸福，健康长寿！

2012 年 9 月 18 日

# 江　怡[*]
## 我与车老师的故事

　　数月前，现任教于香港中文大学的李连江教授在"车门弟子"微信群里发起了为车老师撰写回忆文章的倡议。我看到，已经有不少同门师弟师妹陆续完成了他们的回忆文章，用情至深，感人肺腑。连江专门嘱咐我，希望我能够谈一些与专业研究相关的内容。确实，

---

　　[*]　江怡，1978—1982年在四川师范学院（现为四川师范大学）政教系读本科，哲学师资班毕业，获法学学士学位。1982—1985年在南开大学哲学系跟随车铭洲教授攻读硕士，获哲学硕士学位。1985—1988年在中国人民大学哲学系任教。1988—1991年在中国社会科学院研究生院跟随涂纪亮教授攻读博士，获哲学博士学位。1991—2010年在中国社会科学院哲学研究所工作，历任助理研究员、副研究员、研究员，曾任现代外国哲学研究室主任。2010—2018年，在北京师范大学哲学与社会学学院任教，曾任学院院长（2010—2015）。2018年起在山西大学哲学社会学学院任教。教育部长江学者特聘教授，国务院政府特殊津贴获得者，山西大学特聘教授，教育部高等学校哲学类教学指导委员会副主任委员，中国现代外国哲学学会名誉理事长，北京市哲学会名誉理事长，国家社会科学基金评委，多个国内外学术期刊编委，多个国际学术组织执委。主要研究领域为分析哲学史、西方哲学史、语言哲学、心灵哲学、维特根斯坦哲学、认知科学哲学等。出版著作十余部，发表论文三百余篇。代表性著作有《维特根斯坦：一种后哲学的文化》《走向新世纪的西方哲学》《维特根斯坦传》《现代英美分析哲学》《分析哲学教程》《思想的镜像》等。

论及我与车老师的师生缘，我有太多的话要说；也或许，正因为要说的内容太多，反而不知如何下笔。但得到连江的鼓励，受到师弟师妹的激励，我还是放下手中的工作，在这个特殊时期的年末，从我与车老师之间近四十年的漫长故事长河中拾起一些记忆的片段。

## 一、初入车门，懵懂少年

我记得，我最初是从我的本科导师骆天银教授那里听到"车铭洲"这个名字的。1981年，我在四川师范大学（当时还叫"四川师范学院"）读大学三年级。骆天银老师开设了一门课"现代西方哲学"。他刚参加了复旦大学组织的现代西方哲学讲习班，回来后就向我们讲述了他在讲习班上学到的内容，用他的话说就是"现学现卖"。我对这门课的内容很感兴趣，在课堂上听到他提及车铭洲教授的工作。毕业论文选题时，我选择了杜威的认识论，主要介绍了杜威实验方法的"五步说"。大学毕业时，我希望能够继续学习现代西方哲学，攻读这个方向的研究生。骆天银老师便向我推荐了车铭洲教授，说他在讲习班和几次学术研讨会上见过车老师，为人谦逊，学识渊博，是值得跟随学习的好导师。骆老师还热情地帮助我给车老师去信推荐，让我深受感动。我知道自己的水平很差，难以达到南开大学的要求，但我还是在1982年2月怀着忐忑的心情给车老师去了封信，向他做了自我介绍，并表达了我渴望跟随他学习的迫切愿望。很快，我就收到了车老师的回信，他在信中鼓励我报考他的研究生，让我放下包袱，认真准备。但同时，他也说明了，他当年的招生名额有限，让我有落选的思想准备。（遗憾的是，这封回信已经年久遗失。）读到车老师的回信，我信心倍增，认真备考。经过努力，我终于收到了南开大学哲学系的研究生录取通知。当时，我兴奋的心情难以言表，心中想到的就是对导师的感谢！之前我未曾与先生谋面，想象中他应是高大雄伟的。

1982年8月，我在父母的陪同下，乘坐火车，经过了36个小时，从成都抵达了天津，来到了梦中期盼的南开大学。当我们敲开了先生位于北村的家门，出现在面前的是一位身材不高，但精神饱满的长者（其实当时的车老师年纪并不算大，只有46岁，但在当时的我看来，已经是长者了），这与我想象中的先生形象完全不同。但车老师非常热情，马上把我们让进了屋内，并且招呼了师母出面迎接，一下子把我拽回到现实，拉近了我们的距离。师母慈眉善目，热情待人，也让我们很快有了宾至如归的感觉。我依稀记得，先生的客厅不大，但倍感温馨。后来得知，先生一家三口挤在两室一厅的房间，客厅也兼做了先生的书房。客厅里摆放了书桌、椅子，还堆满了各种书籍等，所以显得面积不大。刚开始交流，我心里还很是紧张。先生看出了我的紧张心情，马上询问起我的学习情况，话一打开，让我放松了许多。在随后的三年中，车老师的家就成为我和师门同学共同的家园，我也由此与车老师建立了深厚的师生情谊。

1982 年 9 月初，学校新学期开学。我见到了与我同一师门的师兄师姐，还有外国哲学教研室的各位老师。这些老师各有特色，但都平易近人。冒从虎老师声如洪钟、思维敏捷，王勤田老师娓娓道来、聪慧过人，张青荣老师逻辑清晰、直击要害。但我知道，在教研室里，车老师是真正的领军人物，他的渊博知识和智慧交谈往往会给人留下深刻印象。同门的各位师兄师姐则是各有千秋，学有所长。大师姐苑莉均本科外语专业出身，英语是她的绝对强项；大师兄康博文曾做先生助手，在国内学界已赫赫有名，后来我得知，他曾代表南开大学参加了 1979 年在山西太原举办的全国第一届现代外国哲学研讨会；常健师兄虽然仅早我们这届半年入学，但他在语言哲学、逻辑哲学等领域已经造诣颇深。这些师兄师姐都是我学习的榜样，不仅是在我刚入学之初，而且在近四十年之后的今天，同样如此。我的同届师门同学荆惠民和马瑞敏年长我数岁，在他们面前我始终是一个未谙世事的少年。如今，荆惠民已经高位于中国社会科学院党组成员，马瑞敏则早已移民美国生活。他们在学业上为我提供了许多重要帮助，让我这个懵懂少年很快适应了快节奏的研究生学习，也让我这个来自南方的同学逐渐适应了北方的日常生活。

当然，在我的这个适应过程中，最为重要是车老师对我的亲自教诲和具体指导。尤其是在刚刚进入师门的时候，车老师提出的要求让我受益终身，那就是读书、读书、再读书。正如连江师弟所说，车老师的确不断地要求我们从阅读中寻找问题，也从阅读中寻找问题的答案。刚开始阅读时，我们无法领会书中表达的思想。这时候，车老师就会要求我们再读。他说，没有读懂，就是因为读得不够，读得不深。所以，要不断阅读，从阅读中寻找自己需要的答案。这种观点对我之后的学习产生了很大影响：我正是在反复阅读的基础上逐渐领会到了哲学著作中的思想，也是在解读著作文本的意义中发现了重要的思想线索和问题所在。

## 二、埋头读书，聆听教诲

说起我在车老师那里得到的教诲，可谓细致入微，影响终身。从大的方面说，车老师培养了我立志学术、报效国家的志向，改变了我的人生发展方向。从小的方面说，车老师训练了我阅读理解的能力，树立了我刻苦钻研、勤奋向上的信心。

起初，我对学术研究并没有明确的方向。最早接触现代西方哲学，完全是出自对西方哲学当代发展的了解，我希望能够通过学习现代西方哲学，补充和推进我们对马克思主义哲学的学习和理解。当初，我对当代西方哲学的认识非常简单和肤浅，以为阅读几本国内出版的教材就可以了。当时我也的确是通过学习刘放桐教授编写的《现代西方哲学》来了解这门学科的内容的，虽然当时这本书还没有正式出版，而我是从骆天银老师那里得到的教材打印稿。但跟随车老师后，我才发现，现代西方哲学的内容远不是我们所想象的那样，而是有着漫长历史和丰富内容的西方哲学，也是还在不断发生和发展的西方哲学。这样，我的学习就变得紧张了。由于之前的哲学功底不够，只是在哲学史上下过一些功夫，但在哲学思维方式上尚缺乏训练，所以，我在对哲学原著的阅读理解上比较吃力。车老师非常了解我的学习背景，很快就根据我的具体情况制定指导方案，安排学习内容，帮助我尽快进入到专业方向的阅读之中。除了专业背景的训练，车老师还特别要求我们努力掌握专业外语，力争多多阅读英文著作。正是在车老师的细心教诲和指导下，我们这届同学很早就进入了英文阅读。车老师还利用他的海外学术联系，邀请了不少来自美国和欧洲的哲学家来南开进行学术访问交流，我也是在南开第一次参与聆听了外国教授的课程。车老师一直教导我们，若想学好外国哲学，必须要学好外语，这是我们的武器；没有掌握好这个武器，我们就无法了解真正的外国哲学。他一直鼓励我们要学好外语，有机会就出国去看看，到国外去学习深造。所以，很多车门弟子毕业后纷纷走出国门，到美国或其他国家留学——这已经成为车门弟子的重要标志。据我所知，车老师指导的学生至少有三分之一在国外获得了博士学位，并在国外工作。还有更多的学生在国外交流访学，与国际学术界建立了广泛的学术联系。正是在车老师的鼓励下，我也努力把自己的专业学习建立在国际研究的背景之下，把提高自己的英语水平作为研究生学习期间的主要内容。特别是在准备和写作毕业论文的过程中，我基本上依据的是英文文献，并对所阅读的文献做了大量笔记和摘要卡片。或许，也正是这样的学习训练和习惯培养，使我在后来的学习和工作中努力拓展自己的国际视野，让自己的研究工作保持与国际研究同步的水平。中英暑期哲学学院为我后来的国际发展提供了重要的研究平台和交流渠道，而我能够在这个平台上学习和工作，正是依赖于我在车老师那里得到的教诲和训练。

在我的一生中，先后有三位老师决定了我的人生道路方向，但最为重要的是车铭洲老师。如果说骆天银老师是我初入哲学的引路人，那么，车老师就是改变我人生道路的重要导师。车老师不仅接受了我这个来自四川成都的求学者，为我提供了重要的人生转变机会，而且在我毕业时推荐我到中国人民大学任教，可以说把我送上了事业发展的新的更高的平台。我的博士生导师涂纪亮教授也是车老师的挚友。当年，车老师特别邀请涂先生到南开担任我的硕士学位论文答辩会主席，这为我后来选择跟随涂先生攻读博士学位提供了重要机会。在涂先生那里，我更多地了解到车老师的学识为人，更是深深地为车老师的学问品格所折服。听闻涂先生讲，在当年国家选派留苏人员中，车老师无论是在专业上还是在外语上都是佼佼者。后来，因为中苏关系破裂而终止了中苏文化交流，车老师才到北大哲学系读书，毕业后到南开大学工作，而这一干就是一辈子。在十年"文革"中，车老师没有放弃对外国哲学的研究，他通过阅读马克思恩格斯著作学习西方最先进的文化，通过阅读列宁著作俄文版学习俄文，并且通过强记硬背英汉字典的方式自学英文，这些都为他日后重新开始外国哲学研究打下了重要基础。据说车老师记忆超群，可谓过目不忘。有一件事情可以作为佐证。据车老师说，他完全是凭借背书而通过了国家篮球比赛裁判考试，拿到了二级裁判证书。在他看来这只是一个笑谈，但在我们看来，这恰好证明了车老师的博闻强记。

在南开的三年里，我几乎把时间都用在了读书学习上。期间，车老师赴美访学一年，我们依然保持着实时的通信联系，尽管那个时候的通讯远不如今天这样便利。在书信中，车老师向我们介绍了他在美国的访学经历，同时对我们的学习提出具体指导意见。车老师回国后，我们更是不敢懈怠，抓紧一切时间向车老师请教，特别是在毕业论文写作期间，随时保持与车老师的联系。那个时候，车老师的家就是我们的学习乐园，也是我们交流欢乐的场所。车老师向他的所有学生敞开了自己的家门，无论任何时候，只要学生有需要，车老师都会热情欢迎，师母也就成了我们所有学生的母亲。每次见到学生到家里，她都会非常关心每个学生的情况，对我们提出许多贴心的生活方面的建议，让我们每个人都倍感亲切，特别是像我这样远离家乡的南方人，更加感觉到家的温暖。师母以慈母般的关爱深深滋润着我们的心田！

## 三、学术导师，思想引领

车老师对我的最大恩泽在于我的专业方向的选择和他对我的鼓励。应当说，如果没有车老师当初对我的期望，没有他对我的严格要求，就没有我后来在专业上的进步和发展，也就没有我今天在事业上取得的这些成绩。车老师不仅是我的学术导师，更是我的思想引导者，为我确立了一生事业和生活的发展方向。

当初刚入车门，我对自己的专业方向并没有清晰的概念，只知道车老师做的是外国哲学研究，我们的专业方向是现代外国哲学。但在入校后不久，车老师就明确提出，我们应当以当代西方语言分析哲学作为学习的主要领域，特别是对早期分析哲学家的思想研究。我们的大师兄康博文的学位论文主题是皮尔士的意义理论，苑莉均大师姐的论文方向是罗素的摹状词理论。车老师希望我们继续沿着分析哲学的发展路径，对分析哲学史上的重要哲学家的意义理论都做出清晰的梳理。当时，车老师已经有这样一些明确的观点：其一，当代西方哲学的主流是分析哲学，而分析哲学的核心问题就是意义问题。因此，语言哲学应当是当代哲学的核心。车老师在赴美访学期间注意到，当时的美国哲学主流就是语言哲学研究。于是，他回国后，一方面布置我们的论文选题以语言哲学为研究方向，另一方面选编了当代西方语言哲学研究材料，并邀请了英文极好的连江师弟翻译成书。该书于1989年由南开大学出版社出版。为推进国内的语言哲学研究，车老师还亲自主编了《现代西方语言哲学》一书，收入师门弟子的学位论文，于1989年由四川人民出版社出版，作为高等学校教材。这两本书的出版，为国内哲学界提供了重要的语言哲学研究文献，也反映了当时国内的最新研究水平。其二，车老师明确提出，意义理论也是一种价值理论，并从价值意义的角度分析了当代语言哲学的重要作用。这个观点集中发表在他的代表性论文《价值意义论纲》中，对我们的研究产生了很大影响。从这个观点中，我意识到，对语言意义的理解必须具有价值赋予的内容，因而对意义理论的研究并非简单地从形式上讨论语言意义，更要从价值与文化方面切入语言意义内容，只有这样，我们才能真正领会语言意义所在。这个观点也成为我后来研究工作的座右铭和基本原则，即一切哲学的最高意义就在于提供人类的普遍价值，因此，文化与价值、语言与价值就成为我研究工作的重要内容。其三，车老师特别重视对美国实用主义的研究，他明确指出，实用主义是美国的建国之本，也是美国哲学的灵魂所在。我们要真正理解美国社会和文化，就必须研究美国的实用主义哲学。这种哲学并非我们以往宣传的那种市侩哲学，而是具有科学意义的价值哲学，是关于实践意义的生活哲学。因此，我们必须改变以往对实用主义的错误理解，恢复实用主义哲学的本来面目。正是基于这种观点，车老师不仅积极参与了80年代国内哲学界重新评价实用主义的活动，而且在他的《现代西方五大哲学思潮》和《现代西方时代精神》（与王元明合著）等著作中，将实用主义作为现代西方哲学的重要内容进行研究。这种观点激发了我们对美国实用主义的重新认识和进一步研究。在车老师的指导下，无论是对第一代实用主义者，还是对后来的实用主义哲学家，我们都给予了极大的关注。后来，王成兵师弟把自己的研究方向确定为杜威和詹姆斯哲学，并参与了刘放桐老师主持的国家社科基金重大招标项目《杜威全集》的翻译和研究工作，他自己也主持了国家社科基金重大招标项目《詹姆斯全集》的翻译和研究工作。我也特别关注对皮尔士哲学的翻译和研究，组织了《皮尔士著作精选》的翻译工作，也发表了一些关于皮尔士哲学与分析哲学关系的文章。

当然，车老师对我最大的学术影响还是在分析哲学上，特别是早期分析哲学研究，包括弗雷格、罗素、维特根斯坦和维也纳学派等哲学。这些正是我后来的主要研究对象。在车老师的具体指导下，我选择了罗素的意义理论作为硕士学位论文题目。现在想来，当时选择这个题目真是有些不自量力。罗素的意义理论内容庞杂，不仅包括他早期的摹状词理论和熟知理论，还包括他后来的中立一元论以及具有行为主义特征的实在论等。无论是在国外还是国内，罗素的意义理论都是博士论文的选题。当时，我在学术上属于初出茅庐，有着"初生牛犊不怕虎"的冲劲，仗着自己阅读了几本英文著作，就以为自己可以撰写关于罗素意义理论的硕士论文。但车老师并没有因此打击我的热情，相反，他鼓励我尝试一下，用自己的方式去理解罗素的理论。这给了我极大的自信，凭借所掌握的研究资料，完成了论文初稿。我记得，在把初稿交给车老师之后的那段时间里，我心中始终忐忑不安，不知车老师会如何"宣判"。当我收到车老师的反馈意见时，我发现稿子上已经被批注得密密麻麻。车老师非常仔细地批阅了我的初稿，对许多细节问题都提出了改进意见。这是我第一次完整地完成一篇论文，还是一篇学位论文，其中错误之多可想而知。但车老师完全没有责备之意，反而非常认真地批阅，这让我深受感动。我后来对自己学生的论文也是如此，正是受到了车老师的感召和教诲。若没有车老师当年对我论文的这种认真负责和精益求精，就没有我后来在学术上的进步，也没有我在学术道路上取得的成绩。车老师是我真正的学术导师，也是我事业发展的引路人。

说起车老师对我的影响，要讲的故事太多了，这里写出来的不过是这些故事中的几个片段。其中，如果有记忆错误或不确定之处，还请各位师门同窗多多包涵。

## 朱国钧 *

## 我的老师

我的老师车铭洲先生 1962 年从北京大学哲学系毕业，从教至今已有五十年。我们这些车老师的弟子原本想相约回南开，同车老师一起庆祝他执教五十周年。可是车老师不同意，车老师不愿意大张旗鼓。2011 年年底，我回南开探访老师和师母时，老师对我说："你们每人都写篇文章，回忆回忆你们在南开的时光，写写你们的人生经历。"从那时起，我就开始琢磨如何将这篇文章写好。

与很多师兄师弟、师姐师妹相比，我跟车老师在一起的时间不算长，我没有在南开大学读本科，后来也没

---

　　* 朱国钧，1977 年考入湘潭大学哲学系。1982—1984 年，在湖南省株洲化工学校讲授"马列主义哲学"。1984 年，考入南开大学哲学系硕士研究生，拜师车铭洲老师，攻读现代西方哲学，由此才真正入哲学之门。1987—1991 年，在北京大学哲学系教现代西方哲学。1991 年赴美，在佐治亚大学攻读哲学博士和人工智能硕士。1996 年，入职 ABB 集团，一直工作至今。期间，从事过多种科研开发项目，但从事时间最长、投入心血最多的项目是配电变压器和电力变压器优化设计之专家系统的研发和推广。

有在南开工作。从 1984 年秋季入学，到 1987 年夏季毕业，我在南开整整待了三年。从人的一生来看，三年的时间不算长。但在南开这三年的学习、生活中，车老师对我的影响和教育，在我后来的人生和事业中都留下了很深很深的印迹。这些印迹就像是一颗一颗的珍珠，留在我的记忆当中。这次，我想让这篇文章成为一根线，将我记忆中的这些珍珠串在一起，展现在大家面前，当作给车老师生日和执教五十周年的贺礼。

## 一、第一课

1984 年的春天，我到南开参加研究生复试。正式考试之前，我去车老师家拜访，那是我第一次见到老师。车老师身材瘦削、个子不高，两眼很有神，透着智慧，但给我印象最深的，是车老师脸上那亲切、平和的微笑。就是这微笑，让我那第一次见到老师时紧张、局促的心情放松了许多。在交谈中，我们谈到了我考研的笔试成绩。记得我的笔试成绩似乎是：现代西方哲学 90 多分，英语 60 多分，哲学原理 60 多分，政治是多少分就记不清了。在这四门中，英语和政治与我的预期差不多，现代西方哲学比我想到的要高（我以为我能够考 80 分左右），而最出乎意料的是哲学原理那 60 多分，我原以为最少也能考个 80 分。从湘潭大学哲学系毕业后的两年多，我一直在一所中专（湖南省株洲化工学校）教哲学原理，所谓哲学原理，全称应该是"辩证唯物主义和历史唯物主义"，这是一门当时全国的大学生、中专生都必修的公共政治课。为了将课教好，我将当时出版的十几种哲学原理的教材和能够找到的有关资料都找来，来来回回地看了很多遍，并且写了好几本教案。两年多下来，我觉得自己对这方面不仅是很熟悉，而且简直可以说能倒背如流。在考哲学原理时，我对所有的题目都很有把握，也自认为答得很不错，未想到成绩出来却只有60多分。所以，我对哲学原理这个成绩耿耿于怀。当我想跟车老师解释我的哲学原理成绩不应该那么低时，车老师却很不在意地说了一句："那不重要。"然后话锋一转说："你的英语成绩不够好，要多下功夫。"车老师这不经意的一句话，对我而言，完全是"一语惊醒梦中人"。我一下子醒悟过来：原来那不重要！做学问的第一条就是分清哪些是重要的，哪些是不重要的。对于不重要的，就要放得下。就这样，当我还没有被录取为车老师的研究生时，车老师就在不经意间给我上了第一课，而且是让我终身受益的一课。从那一刻起，我就觉得不管最终是否被录取，我都已经是车老师的学生了。

## 二、学英语

车老师非常重视我们的英语学习。他认为我们从事外国哲学研究，英语是最基本的工具，也是最重要的工具，不学好英语，就不可能成为合格的外国哲学研究者。我考上南开时，我的英语水平也就是刚刚够录取线。诚如前文提到，第一次见面时，车老师就指出我的英语成绩不够好。记得在南开复试时，有一个科目是专业翻译，就是将哲学百科全书的一个词条英译中，可以用词典，但限定了时间。现在回想起来，我当时的翻译最多也就能够达到40%-50%，很多地方都没有理解对，更谈不上翻译准确了。这两件事让我在入学之前就很清楚地认识到，我的英文水平离专业要求还有很大的距离，我必须要狠下功夫。

其实在这之前，我也知道自己的英文不好。我是1977年高中毕业的，初中和高中期间，我学过三年英语，但并没有好好地学，加之高中的后两年学校又将英文课给停了，到我进大学时，英文水平就基本等于零，可能连26个字母都默写不全。大学四年加上毕业后工作的那两年多，我虽知道英文很重要，也花了很多时间、下了很大的功夫去学英文，但由于学习条件、学习方法的局限，到了一定的程度后，就好像停留在一个平台上，没有明显的进步和提高，感觉是在原地转圈圈。我当时的程度是：比较简单或简写过的英文小说能够比较通顺地读下来，哲学的专业书就一定要翻着词典才能读，而且也读得很少；能够听懂比较简单的英语对话，但基本上不能够开口说，也没有机会说；英文书写的能力就更差，除了英文课的造句练习，就从来没有用英文写过文章。

由于车老师的重视，我们读研究生头两年的大部分课程都和英文有关系。除了正常的研究生英语课之外，我们现代外国哲学的课也有很多是要读英文原著的。记得第一学期，其中一门课就是康博文老师（老康既是我们的大师兄，又是我们的老师）领着我们阅读、讨论A. J. 艾耶尔的《语言、真理与逻辑》。当时这本书已经有中译本，但车老师还是要求我们读英文原著。刚开始时，大家都读得很艰难、很缓慢，有些段落来来回回读了五六遍，甚至十多遍，还是不太明白其中的含义。到上课时，我们就将这些难的段落拿来请教康老师，大家一起讨论。就这样我一句一句地读，一段一段地啃，不知不觉中就开始体会到苦尽甘来。开始时，碰到读不懂的句子，有时会忍不住去翻中译本，到了学期末，这种情况就越来越少了，有时还能够挑出一两处中译本翻得不够准确的地方来，如果还能得到康老师和同学们的认可，那就会心里偷着乐。

另外一门我也很有印象的课是"符号逻辑",这门课是由我们的二师兄常健老师主讲,车老师也要求我们用英文教材。这样一来,既有英文阅读的困难,又有符号逻辑的难懂。刚开始时,我也就闹了个一知半解。有时候,翻着词典,来来回回地读,几页书就花去了半天时间。一个学期这样啃下来,到后来读起来就顺畅得多了,对符号逻辑也有了一个基本的了解。很多年以后,当我在佐治亚大学读博士时,又修了好几门符号逻辑方面的课程。就是因为有了在南开上过英文原著"符号逻辑"课的基础,后来在美国的那些课就显得不是那么难了。

除了哲学系的课,梁骏、冯春凤和我还到历史系、外语系、社会学系去听一些用英文教授的、与外国哲学多少有些关系的课程。其中有些课(如外语系的语音学方面的课),我是很少数时候能听明白,大多数时候听不太明白。我想小冯、梁骏可能也和我差不多。虽是旁听,不参加考试,也不拿学分,但我们几个也还是坚持着将一学期的课听下来了。

就是这样一门一门的课修下来,一本一本的书读下来,我的英文阅读理解能力和听说能力都有了明显的进步。从第二学期起,我开始能够不用词典阅读未经简写的英文书,而且能够享受读原版书的乐趣了。我记得较早读的原版书中有 A. J. 艾耶尔的自传 *Part of My Life*。

我还开始阅读英文哲学期刊的文章，并试着将期刊上的文章翻译过来。等自己觉得其中一篇译文有些靠谱时，就投给了《哲学译丛》，后来还真给发表了。

还有一件和学英语相关的事情，我也一定要提一提，那就是英文打字。车老师要求所有现代外国哲学专业的学生都要学会英文打字，并专门买了两台英文打字机，让我们练习。当时，虽然我们都在按车老师的要求，用那两台英文打字机练习打字，但并不十分明白为什么。我到南开之前，只在电影、电视里看见过英文打字机。当时电脑离人们的日常生活很远很远，绝大多数人根本都不可能想到，十几二十年后电脑会变得如此普及，差不多每个人都要跟电脑、键盘打交道。从我当时的专业角度来考虑，在中国从事现代外国哲学研究，我们必须能读英文书、听英语演讲、用英语跟外国同行交流，这些我都能够理解，但说到用英文写文章在国外的刊物上发表，至少在当时的我看来，还是不太现实的。所以，当时并不十分理解为什么要学英文打字。尽管不太理解，但车老师要求我们练会打字，那我们就都按老师的要求练打字了。

后来到北大哲学系工作时，我从一位美国来的老师那里用 15 元买了一台旧的英文打字机。我用那台打字机写了我的第一篇英文哲学短论文（那是一份现代外国哲学短期培训班的结业作业）；在我申请去美国读哲学博士的过程中，我也曾用它写了不少英文书信。到了美国后，在哲学系读博士，各门课的教授们要求所有的作业都得用电脑打出来。我到美国之前从来没有碰过电脑，但好在我学过英文打字，对键盘并不陌生，很快就学会了在电脑上写文章。到后来我又学了软件编程，并改行从事软件开发的工作。我现在的工作更是每天绝大多数时间都在同键盘打交道。每当想到这些，我就会回想起当年在南开宿舍学打字的情景，就会非常非常佩服车老师当年的前瞻和直觉。

在南开的三年中，在车老师的指导和要求下，在其他老师、师兄的教诲中，在同学们的帮助下，我的英语不论是阅读理解，还是听力口语，都有了突破性的进步。这为后来我到北大哲学系工作、到美国留学和工作奠定了一个必不可少的基础。

## 三、做学问

在南开跟车老师读研究生，不光是学了英语、练了打字，更为重要的是跟着车老师，我开始学习如何做学问、从事研究。

我是 1977 年 12 月参加高考，1978 年年初进入湘潭大学哲学系读本科的，是"文革"后恢复高考后的第一届考生，俗称"77 级"。当时的文科课程设置和社会科学的研究方法还没有从"文革"时期的套路中摆脱出来，在哲学系的课程中，除了马克思、恩格斯、列宁的原著，我们没有任何其他西方和中国的哲学家的原著阅读课程。这样一来，读了四年的哲学，很多哲学系的毕业生没有读过苏格拉底、柏拉图，没有读过海德格尔、维特根斯坦，也没有读过老子、孔子和朱熹。虽然有中国哲学史和西方哲学史，但在课中也不读原著，甚至连原著选段也没有。哲学史成了标签史：唯心主义和唯物主义、形而上学和辩证法。哲学研究的目的就是搞清它是唯物主义，还是唯心主义。哲学论文除了罗列一些被肢解了的观点，就是引用马列的文字来评判这些观点。这是当时的大背景，并不是一个学校、一个专业的问题，而是当时中国哲学、社会科学的整体问题。

虽然我同许多哲学系的学生一样，对当时的哲学课程和教科书有些不满，也读过一些能够找到的哲学原著的中译本，但还不能从当时大背景的影响中走出来，也没有搞明白从事哲学研究的正确方法。记得我的大学毕业论文就基本上是用贴标签的批判方法来写的杜威的实用主义哲学。简而言之，就是虽然从哲学系本科毕业了，但根本没有学会如何做学问，如何从事哲学研究。

就做学问而言，我跟车老师学的第一件事就是读原著。在南开的三年，每个学期都至少有一门车老师的课，头两年的课都是读原著。我印象最深的是跟着车老师读罗素、读维特根斯坦。车老师并不注重他们的哲学观点是唯心主义还是唯物主义，而是跟我们一起一句一句地读，一段一段地讨论；跟我们一起讨论罗素、维特根斯坦为什么要提出这个论点，和我们一起分析他们的论证过程是否合理、是否合乎逻辑。这其实就是哲学学习和研究的最经典也是最基本的方法，古希腊哲学家苏格拉底和柏拉图是这样教哲学的，中国的孔子也是这样教他的学生的。后来我到美国读哲学时，发现哲学系的很多讨论课也都是用这样的方法。学哲学的根本是学习哲学地思考。读哲学家的原著，追问和探索哲学家提出论点的缘由，分析哲学家的思考、论证的过程，这就是在进行哲学地思考。可以毫不夸张地说，我是跟着车老师才学会哲学地思考的。

由于我自己在读研究生时对读原著感受很深，后来我在北京大学哲学系教现代西方哲学时，就尽可能地让学生们读一些原著。因为我教的是哲学系本科生的现代西方哲学入门课，没有时间读整本的哲学原著，于是我就复印了一些章节（中文的和英文的都有），让学生们读。我希望他们能够通过读哲学家的原著，多少品尝、体会到一点点哲学思考的滋味。

读研究生的第三年，我们的主要任务就是毕业论文的选题和撰写。经过跟车老师反复讨论，我选的是逻辑实证主义的代表人物、维也纳学派的核心成员卡尔纳普。但从何入手、如何立论，却是颇费周折。首先，车老师和我都认为，论文不应该只是单纯地介绍卡尔纳普的逻辑实证主义哲学；其次，我不想我的硕士论文像我的本科毕业论文那样，用贴标签的方法去简单地分析、批判逻辑实证主义。在搜集资料、准备提纲的过程中，我多次找车老师汇报我的想法，每次老师都会给我提出一些方向性、指导性的意见。渐渐地我有了一些方向和轮廓，首先，我要写清楚为什么维也纳学派要提出逻辑实证主义，卡尔纳普提出了哪些新的理论和思想；其次，在对卡尔纳普的理论的阐述和分析过程中，提出我自己的新理解和见解。在车老师的指引下，我一点一点地学习哲学研究的方法，一步一步地走上从事哲学研究和教学的道路。

其实，我跟车老师学习从事哲学研究的方法，并不只是局限在哲学研究中。我从 1996 年开始改行从事电脑软件开发，除了闲暇时还会看一些哲学的书和期刊外，离专业的哲学研究已经很远了。但这些年来，在学习、研究哲学的过程中所积累的思考方法和思维能力，对我后来的学习、工作和人生都有着非常重要的影响和作用。

## 四、做人

跟车老师读研究生的三年，我还有一个最重大的收获，就是跟车老师学做人。

车老师从没有给我们开过如何做人的课，也从没有专门跟我们谈过这样的话题。我所谓的跟车老师学做人，其实是通过看车老师的为人处世，我自己感悟、领会到的。车老师在这方面并没有给我们"言传"，但他却一直在"身教"。听说现在的研究生一年到头也难得跟导师见上几面，相比之下，我们那会儿可是幸福多了。在南开的三年里，除了寒暑假，我们基本上是每个星期都会见到车老师。我们的好几门课就是在车老师家里上的，平时我们有了问题（无论是学问上的，还是生活上的），都会直接去家里找车老师，也不用提前预约。隔一段时间，我们还会到车老师家聚餐，师母会拿出她的好手艺，做出很多好吃的，让我们解馋。那三年里，我有很多的时间和车老师在一起，我从车老师身上看到、学到和悟到的有很多很多，在这里我就写对我影响最深的三点。

第一点是车老师开放的思维。我到南开跟车老师读研究生时，车老师已经是中国在西方哲学（尤其是现代西方哲学）研究方面的专家和学术带头人了，但他完全没有大教授的架子，他的思维方式是开放的，没有为当时的意识形态所禁锢。车老师的思想很开放，思维很活跃，对各方面的新的东西（无论是学术动态还是社会思潮）都很感兴趣，他不是拿着一个固定的尺子去衡量不同的思想和观点，而是以开放的态度去理解、分析和吸取。记得每次听完车老师的课，或是跟车老师谈完话，在离开车老师的家回宿舍的路上，都要经过新开湖和图书馆，这一路上我都觉得思维会特别活跃，就像打开了很多新的门窗，会更加敞亮。

记得 2002 年车老师来美国探亲，住在得克萨斯州，我同师兄师姐康博文、宋怀时、苑莉均相约一起去看车老师和师母，我们在车老师的儿子车颂家住了两天，跟车老师和师母一起度过了非常愉快的时光。其中有一件事让我印象很深。我们在聊天时聊到了美国社会对堕胎是否合法这一问题的分歧和争议。美国一直就有 Pro life 和 Pro choice 的分歧与对立，Pro life 派认为卵子一旦与精子结合就已经是生命，堕胎就是谋杀，所以他们认为堕胎是邪恶的，主张堕胎非法；而 Pro choice 派则认为，刚受孕的卵子还不是生命，孕妇对自己的身体有选择的权利，所以他们维护合法堕胎的权利。那天，老康是坚定的 Pro life 派，师姐苑莉均则是 Pro choice 派，我刚来美国时是 Pro choice 派，后来则渐渐地更加偏向 Pro life 派。很多中国人（包括我自己）刚来美国时很不理解，为什么美国人会如此看重这个问题（每次总统大选时，每位候选人都会被问到），为什么美国人会在这个问题上有如此大的分歧与对立（曾经有多起枪击堕胎医生和炸毁堕胎诊所的事件）。在师兄师姐争论这个问题时，我注意到，车老师先是很认真地听他们两边的论点和根据，还不时提出问题，然后提出了他自己在这个问题上的看法。我现在已经记不清车老师在这个问题上的看法的细节了，但我记得车老师注意到了这一问题的哲学、宗教和社会意义，并提出也许人们对这一问题在很长的时间都不会有一致的看法，可能还会有分歧、讨论很久，但对问题的讨论本身就是有意义的，它会让我们去关注这个问题的核心——生命。在中国也应该有对这样的问题的讨论。

这些年，我在异国他乡，跟来自不同种族、不同文化、不同宗教的人们生活、工作在一起，有过不少文化和观念上的冲突，我总是试图学着像车老师那样用一种开放的态度去理解、对待。这世界变得越来越小，人们之间的交往越来越多，如果大家都能够学着用一种开放、宽容的思想和态度来对待不同的人、不同的文化、不同的信仰，世界应该会太平一些。

第二点是车老师为人宽厚。有人的地方就会有利益的冲突，20世纪80年代的南开也不例外。虽然我是学生，对哲学系的很多事情并没有很深的了解，但还是多多少少地从各种渠道对哲学系的一些人事、职称、关系等方方面面有一些耳闻，也有听到一些为车老师鸣不平的事。但是，无论是在南开的三年，还是后来跟车老师的见面，我从来都没有从车老师的口中，听到半句抱怨系里其他同事的话。有的时候，当师兄弟们在车老师面前为车老师抱不平时，车老师会简单地做个解释，然后将话题引开。我的理解是，车老师不仅是自己为人宽厚，他也希望他的学生能跟他一样宽厚待人。在我后来的人生道路上，也经历过各种事，遇到过不同的人，但凡遇到跟人有冲突时，我都会想起车老师来。我可能还做不到完全像车老师那样宽厚待人，但我还是尽可能地去学车老师。

第三点是车老师爱护学生。凡是做过车老师学生的，都会众口一词说车老师和师母对学生好。但车老师是如何对学生好，各位师兄师弟、师姐师妹可能会有自己不同的体会。我自己的体会是，车老师对学生的好，第一表现在严格要求学生。在南开的三年，无论是上车老师的课，还是向车老师请教论文选题，如果是我没有做充分的准备，车老师都会看得很清楚，不留情面地指出来。这样一来，我也就渐渐地养成了习惯，每次去见车老师之前，都会将该读的书读好，该想的问题理清楚。这个习惯也延续到我后来的学习和现在的工作中。车老师对学生的好，第二表现在车老师对学生因材施教，根据学生的不同情况来指导其未来的发展道路。就我自己而言，我对这点体会最深的一次是在毕业前夕。当时北大哲学系来南开找车老师要现代外国哲学的硕士毕业生，车老师便推荐我去。我当时有些犹豫，一是对自己是否能够胜任北大哲学系的工作有些信心不足，二是我自己曾经有些想去报社杂志社工作。后来，是车老师跟我的谈话让我走出了犹豫，使我明白了我是适合当老师的，只要我认真去做，也是能够胜任北大哲学系的工作的。我至今仍然很感激车老师当时给我的点拨。虽然后来因为其他的原因，我离开了北大，也离开了哲学，但在我的心中，总还是给哲学、给教书留着那么一块地方的。

在这篇文章的最后，我要跟大家分享我和车老师在一起的一小段经历。记得那是 1986 年，我陪同车老师到湖南张家界开全国现代外国哲学年会。那时还不时兴坐飞机，坐火车是先要从天津到北京，再从北京到长沙，在长沙住一夜，然后再从长沙到张家界，前后共要好几十个小时。车老师从北京到长沙的卧铺票是由在北京的师兄师姐订好的，但从长沙到张家界的卧铺票就没着落了。我们很巧在长沙碰上了王科师兄。他在全国总工会工作，到了长沙就成了"中央大员"，湖南总工会给他弄到了卧铺票，而现在有车老师在此，王科师兄就只能跟我一起坐硬座了。到了张家界，三天会议，两天游山，简短截说，就到了会议圆满结束，于是乎，免不了大家在一起吃喝一顿，以示庆祝。席间，一些好酒能喝的前辈自然是推杯问盏、你来我往，很是热闹。大家都知道，车老师不善饮，本不是席间的关注中心。但有一位身材魁梧、满面红光的老师（记得好像是华南师大的）喝得兴起之时，偏偏来找车老师干杯。车老师一再婉拒，但那位老师就是不放手，大有非捡车老师这个软柿子捏一把不可的架势。我在旁边看不下去，就找了我的湘潭大学的同学（他们在帮着忙会务），弄了一个空酒瓶，装上水，让他给车老师倒酒，我则拿了一瓶真家伙站到那位老师身边。我找机会在车老师耳旁说："车老师，您跟他喝，杯里倒的是水。"车老师一听，马上就硬气起来，挺胸抬头对那位老师说："实在要喝，那就一口干了。"车老师一口一杯，跟那位老师连干了三杯，这下将那位人高马大的老师给镇住了。几杯下来，那位老师就微显醉态、败下阵来，而车老师还是面带微笑、平静如故。不过，车老师并没有"乘胜追击"，而那位老师临走还在自言自语地唠叨："小车（他们那一辈的先生们都称车老师为小车）什么时候变得这么能喝酒了？"这时，车老师回过头来，冲我微微一笑，我也会心地笑了。时隔二十多年，如今回想那天的情景，我还是会忍不住笑出来。

## 结语

2011年底回到南开看望车老师和师母后，我就开始构思这篇文章。想法很多，但下笔很难，毕竟有二十多年没有正儿八经用中文写过文章了。这几个月来，有关这篇文章的思绪一直都跟随着我，在飞越大洋的航班上，在意大利、西班牙的酒店里，在独自散步的黄昏，在不眠的异国他乡之夜，文字、语句、情景随时随地都会在脑海中涌现。有些觉得很好的语句、段落，因为当时没有记下来，等到写的时候就找不到了。为这样的事，我很是懊恼过几回。最后落到纸上的就这么几页文字，自己看着也不满意，但已经没有更多时间再作推敲了。好在这既不是毕业论文，也不是征文比赛，尽管文章结构不严谨，文法、修辞也欠佳，但只要能够将我心里想的、记忆中时常闪现的写出来，让老师看到，跟师兄师姐、师弟师妹们分享，我就心满意足了。

# 梁　骏\*
## 言传身教　终身受益

　　应连江老同学的盛情邀约，我围绕着"车老师与我"的主题写写自己的感想和体会。之前，我认真拜读过常健学长、武斌大哥、国钧兄、正毅、韩旭等老同学的妙文，真的让人思绪万千，当年的情景一幕一幕地浮现在眼前。

　　细算一下，我在南开大学前后度过了十一个年头，从1979年入学至1991年离开，经历过本科学习、攻读研究生和教学工作阶段，我非常荣幸地作为车老师的弟子，聆听车老师的教诲与鼓励。

　　\* 梁骏，1977年参加工作。1979—1983年在天津南开大学哲学系读本科，获哲学学士学位。1984—1987年在南开大学哲学系攻读硕士，师从车铭洲教授，获哲学硕士学位。1987—1991年在南开大学哲学系担任助教、讲师。1991—2019年在北京市委党校工作，历任讲师、副教授、教授、外国哲学专业硕士研究生指导教师；曾任哲学教研部副主任、国际合作交流部主任、外语教研部主任。主要研究领域为现代西方语言哲学、当代英美基督教哲学。

# 一、本科生阶段（1979—1983）

我于 1979 年考入南开大学哲学系。上大学前，我是北京市热电厂的一名锅炉工，工作非常辛苦。特别是上夜班，电厂要求员工晚上 11：30 准时到岗，提前全面检查"锅炉本体"，12：00 正式"接班"后一直工作到早上 8：00，如果一切正常，才能正式"交班"。工作期间，需要全神贯注，因为稍不留神就会出状况，乃至造成生命危险。可是，作为刚刚参加工作的年轻人，我上夜班时特别容易犯困，尤其是夜深人静的凌晨时光，几乎坐下一闭眼就能进入梦乡。可是，由于责任重大，想睡却不能睡，搞得自己精神非常紧张。当时，刚恢复高考不久，我那时最大的心愿就是考上大学，摆脱三班倒的工作。于是我抓紧一切闲暇时间，刻苦复习，终于如愿以偿地考上大学，而且是全国知名的学府——南开大学。当接到录取通知书的时候，真的是高兴万分！

入学后，我非常珍惜这一人生的重要转机，抓紧一切时间读书学习，过着"四点一线"的校园生活，即宿舍—食堂—教室—图书馆循环往复。那时的哲学系很厉害，是南开"九大系"之一，师资力量雄厚，人才济济。记得我们刚刚入学的时候，温公颐老教授是系主任，他是中国逻辑学史的领军人物；常务副主任是赵文芳老师；系党总支书记是苏驼老师。系里绝大多数老师正值盛年，个个精神抖擞、英姿勃勃。"马哲"方面，有陈晏清、封毓昌、刘廷亚等老师；"中哲"方面，有方克立、周德丰等老师；"西哲"方面，有冒从虎、车铭洲等老师；"毛哲"方面，有杨瑞森老师；逻辑学方面，有崔清田老师；美学方面，有童坦老师；"科哲"方面，有刘珺珺老师；心理学方面，有孔令智老师，等等。那时，系里号称有"四大金刚"——陈晏清老师、方克立老师、冒从虎老师和车铭洲老师，他们是"中、西、马"三大学科和领域的"掌门人"，为南开哲学学科的发展奠定了坚实的基础。

入校不久，"车老师"的大名就在同学们中流传开来，但刚入学的时候我还只是"耳闻"，并没有太多的机会见面和接触。车老师给我留下深刻印象是在上"大一"的时候，那时正好赶上系里开展"学术活动周"，即在五四青年节前后，系里各位老师把自己最新的研究成果拿出来，系里负责油印，按照不同的学科和主题，分组开展学术研讨与交流活动，并鼓励学生们积极参与。作为新生的我，更多的是去旁听。我选了外国哲学专题的研讨会场，那次讨论的具体内容已记不清楚了，但记得主持人是冒从虎老师。他宣布研讨会开始并扼要说明研讨的方式方法后，就请各位参与者简要阐述自己的观点和见解。刚一开始，大家你看着我、我看着你，似乎谁都不好意思率先发言。正在犹豫不决的时候，只见车老师幽默诙谐地说："我先发个言吧！我这是先'抛一块砖'，然后引出各位的'玉'来。我只谈一点想法，不当之处，还请各位批评指正。"接着，就开始进入正题，车老师不紧不慢，一层一层剖析，大点里套小点，旁征博引，环环相扣，分析得非常精细和透彻。我原先以为，车老师的"只谈一点想法"肯定不会用太多时间，结果却发现用时不短，足足讲了20多分钟的光景。发言结束后，冒老师说了一句话非常有意思的话，他说："小车的发言，哪里是'谈一点想法'，真的是'高谈阔论'，也不是什么'抛砖头'，分明是给我们'抛宝玉'……"这一幕给我留下了深刻难忘的印象，传闻车老师"学问高深、知识渊博"，这绝不是空穴来风，一次小小的学术发言就可以充分展现出来，真的是功力深厚、厚积薄发，令人佩服。

那时，全校正在推广"班导师制"，目的是让经验丰富的教师侧重在专业学习和学术研究方面引导学生，非常荣幸的是，车老师还担任过我们79级的"班导师"。

记得宣布"班导师"后，车老师"走马上任"，他来到班里，推心置腹地与大家交流学习心得和体会。车老师个子不高，脸庞清瘦，戴着一副厚厚的眼镜，很像是南方人。他深情地对我们说："大学的时光非常宝贵，你们一定要多加珍惜，充分利用，切莫虚度年华。哲学上的流派繁杂，人物众多，思想观点各异，典籍浩如烟海，所以，同学们在'泛读'的基础上，一定要'精读'。要根据自己的兴趣爱好，选择某一个方向或问题，锲而不舍地深入下去，就像打井那样，钻头必须打到一定的深度，才能见油。学习哲学也是如此，浅尝辄止，肯定是挖掘不到宝藏的。在学习上，千万不能只满足于老师课堂上的讲授，也不能满足于阅读教科书等'二、三手资料'，大家一定要认真研读哲学大师们的原著，研读时一定要做读书笔记并写下心得体会。可能刚开始研读原著时，读不懂、不明白，那也不要紧，要反复地研读，细细地咀嚼和品味。如果还是读不懂，也没有关系，先放一段时间，以后再来读，也许就能慢慢地理解了。另外，遇到难题和不懂的地方，可以找机会向老师请教，同学之间也可以互相交流。总之，学问学问，不能只是自己埋头'学'，也一定要找机会多'问'。只有多学、多问，大家的学问才会有所提高。此外，同学们一定要在外语学习上多下功夫，多花时间，多记单词和词组，没有过硬的外语能力，就无法尽快地了解外部世界，无法掌握最新的知识，无法借他人之长补己之短。"

我曾有幸在79级团支部工作，并担任过"第三任"

团支部书记。我任书记时，副书记是张铁勇同学（现在是天津师范大学马克思主义学院教授、博士生导师），学习委员是王小宁同学（现在是天津市人大常委会副主任）。按照上级要求，团支部每个学期都要组织一些高质量的"团日活动"。在支部会上，几位支委冥思苦想、绞尽脑汁，后来终于想出一个"高招"，即邀请车老师给我们团支部开设一场讲座，主题是"如何学习外国哲学史和现代外国哲学"。我们冒昧地登门拜访，向车老师说明来意，没有想到的是，车老师十分爽快地答应了我们的请求，当时我们真的是喜出望外。为了组织好这次高水平的"团日活动"，我们提前好几天就发出通知，动员大家积极参与。结果班里竟然有一半的同学（40人）到场聆听车老师的讲座，而且大家反响热烈，纷纷表示受益匪浅，因故未能参加讲座的同学还表示特别遗憾，我们还十分得意地将这一"政绩"写入了团支部年度工作总结里。

我们是从大二开始系统学习外国哲学的，当时课程名称是《欧洲哲学史》，属于必修课，三位老师足足讲授了一年。记得"古希腊哲学"由王勤田老师主讲，"近代英法哲学"由张青荣老师主讲，"德国古典哲学"由冒从虎老师主讲。三位老师均年富力强，讲课非常投入，使出浑身解数。印象最深的是冒从虎老师，他身材高大魁梧，讲课时特别有激情，且声音洪亮，站在319

大教室之外的楼道里都能听到其声音。而且冒老师的"板书"特别独特，是传统的"竖式"，在大黑板上写字是从右至左，从上到下，粉笔字写得很大。正是通过老师们的认真讲授和辅导，我渐渐地对外国哲学产生了浓厚的兴趣，开始阅读起柏拉图的《理想国》、笛卡尔的《方法谈》、康德的《纯粹理性批判》、黑格尔的《小逻辑》等经典著作，尽管那时很多地方都读不太懂，或者"云里雾里"，不知所云。

记得冒老师讲完"费尔巴哈的哲学思想"并结束"欧洲哲学史"课程后，我总觉得意犹未尽，内心不断发问，难道欧洲哲学就止于德国古典哲学了吗？费尔巴哈之后就没有著名的哲学家了吗？马克思、恩格斯之后，特别是19世纪末、20世纪以来，西方就再没有出现新的哲学家和哲学流派了吗？如果有的话，它们都是什么？带着一连串的问号，我到学校图书馆、系资料室和新华书店等地方查阅资料、论文和书籍，当发现刘放桐等编著的《现代西方哲学》（人民出版社1981年6月第1版）一书时，真的是如获至宝，并立即借阅和研读。后来，为了方便学习，我还特意在八里台的新华书店购买了这本书，购买的时间是1981年9月3日。说实话，当时书里介绍的很多流派和人物的思想我都搞不太明白，或者说是似懂非懂。

我们读大四（1982年）的时候，当得知车老师要给我们讲"现代外国哲学"这门课时，我真的是喜出望外，立即报名上课，那时这门课程是选修课，共计40学时、2个学分。

车老师讲课语言朴实，深入浅出，娓娓道来，特别善于把抽象枯燥的概念或命题讲解得通俗易懂，不时地穿插着一些幽默小故事，与讲课内容相辅相成，很能吸引同学们课堂的注意力。课间休息时，班里总有一批同学围着车老师问东问西，车老师总是面带笑容，耐心解答。

记得很清楚的是，车老师头一次给我们上课时，一上讲台就非常轻松自如地说："同学们，在我的课堂上，大家若是累了、困了，可以睡觉。"接着就讲起了故事。

很久以前，在一个私塾的课堂上，老先生对学生要求极为严格，让学生反复背记一些枯燥乏味的古文，搞得学生头昏脑胀，还不允许学生睡觉。一次，正当学生背记古文时，老先生却打瞌睡睡起觉来。后来，有学生不服气，说您不让我们睡，可自己却睡觉。这时，老先生竟然振振有词地反驳说，我没有睡觉，我是去向周公请教问题去了。转天上课时，有位学生困极了，忍不住地睡着了，老先生发现后很是生气，立即叫醒学生，严厉地批评他。但是该学生却模仿着老师的说法，辩解道，我没有睡觉。我也去见周公了，并且周公还和我交谈呢！老先生叱问道：那你说一说，周公跟你交谈了什么？学生回答：周公告诉我，昨天他没有见到您！

听到这里，全班哄堂大笑，精神为之一振。从此，在车老师的课堂上，同学们压根没有打盹睡觉的现象，更没有人找借口逃课。

我绝对没有想到的是，车老师的这句"开场白"（同学们，在我的课堂上，大家若是累了、困了，可以睡觉）竟然被我后来"照抄"和"复制"，成为我之后教书生涯的"口头禅"。特别是后来我调到北京市委党校当教员后，面对的绝大多数是成年人，他们身为领导干部，重任在肩，工作繁忙，一旦静下来读书听课，尤其是在下午或晚上的课堂上，很容易打盹犯困。每每讲课伊始，我总爱"引用"车老师的这一"名言"，而且一直引用到我正式退休，算下来，大约引用了三十年！

那时"现代西方哲学"属于非常敏感的领域，记得当年洪谦主编过有关现代西方哲学流派和人物的资料，书名还是《西方现代资产阶级哲学论著选辑》（商务印书馆1982年版）。很多文章和书籍在涉及各种流派和人物时，很爱"扣帽子"，贴上"唯心主义""形而上学""反动""遮羞布"等标签。但是车老师在课堂上讲解的时候，并没有"落入俗套"，而是有自己独到的见解，不人云亦云，擅长史论结合，以理服人。用车老师的话讲，我们要先搞清楚这些流派和人物的思想和观点是什么，为什么提出这样的"概念"或"命题"？它们都针对什么问题，想要解决什么问题？切忌未经深入了解和认真研究，上来就"胡批"或"乱批"，即使真想"批判"，也要找到其"要害处"或"致命点"，再加以批判。

总之，正是车老师的精彩授课和循循善诱，使我对存在主义、新托马斯主义、弗洛伊德主义、法兰克福学派、实用主义、语言哲学等流派和人物的思想有了进一步的了解，也解除了很多疑问和困惑。这使我越发觉得，现代西方哲学还是开垦不足的"荒地"，还有许许多多值得深入学习和研究的东西。也正是在听车老师讲课的过程中，我打定了主意，即大学毕业后，一定要考研，导师一定要选车老师。

大学四年一晃而过。我从对哲学的一无所知，到开始感兴趣，后来在诸多哲学分支领域中，我开始对"外国哲学"产生了浓厚兴趣，记得我的毕业论文写的是"试论康德对休谟哲学的吸收和改造"。而带领我们迈入"哲学门"并领略和欣赏园中的"鸟语花香"的，正是以车老师为代表的哲学系的老师们，正是他们的辛勤汗水和精心浇灌，才使我们打牢了学习哲学的根基。

## 二、研究生阶段（1984—1987）

大学毕业后，我被分配到农牧渔业部人事司工作。

我一边适应着新的工作环境和业务要求，一边积极复习功课，准备报考南开大学哲学系的研究生，研究方向是外国哲学，导师就是车老师。

报考研究生必须经过单位领导同意，必须加盖人事部门的公章。当我向处里领导提出想报考研究生时，三位领导都不同意，一致认为我刚刚来到部里，工作还不到一年，完全不具备报考资格和条件。按照当时部里不成文的惯例，起码需要工作2-3年后才能报考。为此，领导们纷纷约我谈话，反复劝说，让我安心工作，服从组织安排，即便真的想报考，起码也要工作两年以后再说。我当时非常着急，越级申请，直接找到分管处里工作的副司长那里。听完我的陈述与申请后，副司长表示，他也同意处里的意见，不同意我报考，但没有把话说死，而是以委婉的方式说，他不能做最后决定，此事一定要"一把手"点头同意才行。我心里特别焦急，当时也顾不了这么多，贸然敲开"一把手"办公室门，进去向他报告。司长岁数蛮大，一头白发，面容慈祥，他耐心地听着我的表白，并询问了我的有关情况，令我意想不到的是，他竟然同意了我报考研究生的请求，只是强调了两点，其一，不得以考研为由，影响工作，上班期间必须全力以赴，复习只能利用业余时间；其二，只给一次报考机会，不能接二连三报考，这次报考若未被录取，转年不能再次报考，一定要踏实安心工作，若真的还想再次报考，必须三年后才有资格。我当即点头同意，并表示一定会服从组织和领导的安排，若这次没有考上，一定会努力工作，不再给领导添麻烦。后来，从其他渠道得知，司长之所以同意我报考，是有原因的。他有一个女儿，与我的情况相似，也是刚刚参加工作就提出考研的申请，结果被其单位领导否决了。所以，我的领导将心比心，同情心大发，"特许"了我的报考申请。

　　机会真的来之不易，我特别珍惜，并抓紧所有闲暇时间，全力以赴地复习和准备。按照规定，新分配来部里工作的大学生，必须下放到基层，锻炼一段时间后，再返回部里工作。我们人事司四位新入职的大学生，于1983年秋天被安排到河北省涿州（当时是涿县）县委组织部锻炼，白天上班，忙忙碌碌，经常深入乡镇，进行调研；晚上独自一人，在县委大院的办公室里认真复习，深夜才返回招待所的宿舍睡觉。转年春天我才重返部机关工作。

　　当研究生入学考试完毕后，我曾给车老师写过信，报告了自己的考试情况，特别表达了希望做他的学生的想法。令我万分惊喜的是，我收到了车老师的回信，具体时间是1984年2月26日。现将信函内容抄录如下：

梁骏同志：

来函收阅，敬悉一切，勿念。得知您今年报考研究生，这种积极进取精神，很值得赞扬，我预祝您成功。我回国后，得知你们都愉快走上工作岗位，十分高兴。你们学习基础好，年轻精力充沛，工作一定会做得很好，同时，在工作中继续学习，一定会不断取得好成绩。你喜欢研究现代外国哲学，若考取研究生则有了一个专门学习的机会，即使没有考取，也不要灰心，只要坚持努力，就可以不断提高自己的学术水平，现在已考完了，精神可以放松，不要背思想包袱。

您有机会来天津，望回系里来看看，并望到我家来做客。别不多叙。

顺祝

春安

车铭洲

敬上

1984. 2. 26

收到车老师的回信，真的是兴奋不已、倍受鼓舞。多年来，我一直珍藏着车老师这封宝贵的信件。

终于，我收到了南开大学的录取通知书，指导教师就是车老师，太棒了，美梦成真！

1984年9月，我再次回到母校——南开大学。入学后得知，与我同届考上车老师的研究生的还有两位，一位是湖南来的朱国钧同学，另一位是我的"系友"冯春凤同学（南开大学哲学系80级），因她岁数最小，故我们都称呼她"小冯"。我和国钧同学是真正的同窗，我俩被安排住在同一个学生宿舍——第9宿舍114房间，因为是同专业、同导师，所以我们经常一起进出宿舍，一同听课、锻炼。

我们同届的三位同学非常幸运，我们一起听康博文老师、大师兄讲授的"现代外国哲学概论"和"哲学专业英语"；一起听常健老师、二师兄讲授的"数理逻辑"；一起旁听过外文系研究生的课……最特别的是，我们三人一起去车老师北村的家里上课，当年车老师主要给我们讲授了"当代西方哲学家原著选读"，重点带领我们研读过罗素、维特根斯坦等著名哲学大师的原著。

上课是"开小灶"的方式，即先让我们提前认真阅读指定的原著章节，做出笔记，撰写读书报告或心得体会。每次课上先由一位同学主讲，扼要介绍自己的读书心得和看法，之后，其他同学再补充、完善，大家可以提出不同的观点，可以相互提问，也可以提出自己不明白、不理解的地方。此后，车老师再次讲解，对原著的思想和观点进行归纳、总结、升华。

给我印象深刻的是，车老师曾给我们讲授过维特根斯坦的《逻辑哲学论》，而且是逐句逐条地解读。在我们解读时，车老师不但认真倾听，还不时地做笔记。当时车老师用的教案是四百字大稿纸，上面不但有早已准备好的讲稿，他还在稿纸的边边角角上，密密麻麻地写满了字，而且钢笔水的痕迹深浅不一，这一定是在师兄师姐们讲课时，陆陆续续添加上去的。可以感觉到，即便是学生们在讲解自己粗浅的心得体会时，车老师也没有丝毫的懈怠与放松，而是不断在思考、补充和完善，这样既可以发现学生们的问题和不足，又可以捕捉到在思想观点碰撞时所产生的"闪光点"。可以看出，车老师真的非常善于博采众长、集腋成裘、教学相长。看到老师这么认真，我们当学生的岂敢有一丝的懈怠。

每次上课，我们都特别盼望着尽快进入到车老师开讲的环节，因为那是课堂的"高光"时段，车老师对原著的解读和理解都特别精彩、独到，对原著中看似非常简单的一句话、一个概念或一个命题，都能精细地解读，好像"剥笋子皮"那样，层层剖析，并且经常旁征博引、史论结合。他课上问得最多的话是：这是什么意思？为什么？如何理解？有什么意义？当时，我们也许能理解或说出某个概念或命题的"一点"或"两点"含义，然而，车老师却总能扩展或增补到"五点"或"六点"。总之，我们都特别喜欢听车老师的解读和评价，总能让我们眼前一亮，茅塞顿开，明白和理解原著字面背后所蕴含的丰富内容和意义。

国钧兄考上南开大学研究生以前，曾当过老师、讲过课，他人极聪明，学识渊博，很有自己的主见。记得有一次上课轮到他先主讲，为此，他特意提前做足了功课，认真准备，本以为自己的读解已经很全面和深入了，应该没有什么可以添加补充了。当他讲解完毕，我和小冯也表示认同，觉得很好、很全面，没有再补充和添加的了。结果轮到车老师开始讲解，只见先生不紧不慢地讲起来，又添加了许多独到的见解和新意。课后，我们三人一同离开车老师家，在返回宿舍的路上，我问国钧兄：你对这堂课的印象如何？国钧用极为钦佩的语气说：车老师真厉害，学问太渊博，功力太深了，今天的收获真的太大了！我和小冯也表示赞同。多年后，每每回想此事，国钧兄当时赞美车老师的表情和神态还是历历在目。总之，我们三人对车老师的讲课佩服得五体投地，大有"听君一席话，胜读十年书"的感觉。

记得入学后，车老师第一时间找我们三人谈过话。他对我们的要求和期盼很高，特别是在外语上要求更高。他告诫我们，在外语方面，不但要把基础英语学好，还要大力提高专业英语的水平和能力，要求我们多读哲学大师的原著。车老师说：你们做论文时会发现，几乎没有什么中文翻译的材料或著作可供使用，必须要研读和翻译最新的外文资料，才能做得出硕士论文。最后，车老师还加上一条，你们每个人都必须学会英文打字。

20世纪80年代压根还没有电脑，只有机械式打字机，即便是打字机也十分罕见。记得当时我们学习英文打字是高标准要求，不能满足于看着键盘打字，也不能只用一个或两个手头指按键，而是必须学会用专业的方式"盲打"，要熟练地运用每个手指，负责按下不同的字母键和符号键。于是，我们反复地按照"ASDFGHJKL"进行不同指法的"盲打"训练，反复背记。有时，同学之间还相互发出不同的口令，让对方伸出不同的手指按键。记得我们用的是一款红色的小打字机，大家相互借用，进行"啪啪啪"的打字训练。后来，逐渐熟悉键盘后，我们同学之间还掐表计算，看谁打字速度既快又准。这无意中为我们后来快速过渡到电脑的使用打下了基础。

后来，我儿子在上幼儿园的时候，假期里我跟他在家里玩耍，还特意拿出一台老打字机，让他既当玩具玩耍，又训练他用不同的指法按对应的字母键。孩子长大一点后，为了激励他学好打字，我还与他进行打字比赛，看谁打得又准又快，没有想到，儿子在上小学时，打字速度竟然远远把我甩在后面了，记得他后来每分钟大约可以敲300—400键。车老师当年对我们的要求，竟传递到了我儿子那里，使他受益良多。

为了提高我们的哲学专业英语能力，车老师让他的大弟子康博文给我们讲授过"哲学专业英语"，康老师带着我们认真阅读英文原著，对难懂的句子和段落进行详细的分析和讲解，对重要的句型往往都要举一反三。

　　印象最深的是，车老师有个独特的做法，他要求他历届的研究生，不但每人自己尽量翻译新的外文资料，用于个人的论文写作，还必须精选出一些代表性的论文或资料，翻译出来，交到系里，用蜡纸刻写印刷出来，供大家参阅和评判。当时定的"书名"是《外国哲学研究资料》。为了能够正式印刷出来，为了不"丢人现眼"，每位同学都尽力争取把外文材料译准译好。这也是我们首次看到自己翻译的英文材料得以"出版"——被油印出来，当时还真是十分兴奋呢！我至今还珍藏着一份当年的油印材料。

《外国哲学研究资料》

| 期刊 | 篇名 | 译者 |
|------|------|------|
| 32 | 皮尔士真理观 | 康博文 |
| 33 | 皮尔士对心理主义的批评 | 康博文 |
| 34 | 皮尔士论我们心的知识：忽视的第三种态度 | 康博文 |
| 38 | 皮尔士的知识论 | 康博文 |
| 40 | 普特南对词的意义的分析 | 江怡 |
| | 柏特兰、罗素的语言哲学 | 江怡 |

| 44 | 论共相与殊相的关系（罗素） | 江怡 |
|---|---|---|
| 47 | 意义、经验与理解 | 常健 |
| 48 | 维特根斯坦意义理论评述 | 马瑞敏 |
| 51 | 意义的意义、语言和思想、主体和对象 | 马瑞敏 |
| 72 | 塞尔及其对意义的规定 | 梁骏 |

　　非常遗憾的是，我保存的记录太零碎，若有人能够整理出完整的资料记录，那该有多珍贵。不知南大哲学系里有无这方面的翔实记录，更不知道车老师的这一优良传统是否得到延续和传承。

　　记得那时刚刚分配到中国社会科学院哲学研究所工作的牟博先生（现在美国任大学教授）很想出版一部有关西方语言哲学方面的译著，他从涂纪亮老师那里得知车老师这边已经有不少译稿后，曾提议让我们翻译并交给他一些现代哲人们的代表性论文，希望收入到他负责的译著里。我的译作也包括在内，当时还请连江同学进行过认真的校对与修改。若干年后，当我在北京百万庄大街一家新华书店里查看有什么哲学类的新书时，我惊奇地发现，牟博早已通过商务印书馆出版了《语言哲学》（A. P. 马蒂尼奇编，牟博等译，商务印书馆1998年版）一书，书里还有我二十多年前翻译过的论文呢！当年我翻译的论文有两篇，一篇是塞尔的《隐喻》，另一篇是艾耶尔的《可能有一种私人语言吗?》。总之,译作得到使用和发表,正是当年车老师对我们严格要求所结出的果实。

为了提高我们的专业写作能力,车老师一方面要求我们多读经典原著,多做读书笔记,多写心得体会;另一方面,亲自带领指导我们,参与多项科研活动,参与并撰写"哲学条目""最新哲学研究动态",编写有关哲学的工具书籍等。车老师特别叮嘱,你们一定要多记勤写,写出东西后一定要反复认真地修改,要对自己写出来的文字负责,最后编纂的图书正式出版后,谁写的部分一定要落款注明,要"文责自负"。

印象最深刻的是,车老师带领大家,完成天津教育出版社的一项任务,即编纂"学术研究指南丛书"之一——《现代西方哲学源流》(天津教育出版社1988年版)一书,我们大家都十分珍惜这些机会。每当接到新的科研和写作任务,我们都会全力以赴,倾注心血,扎到图书馆,查阅各类工具书、论文和著作,认真写作。初稿成型后,再请车老师修改批阅,并按照车老师的批示反复修改,不断完善文稿。正是在车老师的总体策划、确定大纲、认真指导、精心修改的基础上,我们通过数易其稿、反复修改,才最后誊写并交出定稿。当看到自己参与写作的东西变成正式出版的图书时,大家内心充满了对车老师的感激之情,正是车老师的提携,才使我们这些晚辈不断成长和发展。除我之外，参与该书撰稿的作者还有张锋、杨凤岗、张光、王成兵、杨龙、冯春凤、常健、宋德生、朱国钧、王正毅、李连江。

例如，在车老师组织编写的一本书中，我承担的主要任务是撰写两个章节，即"结构主义"和"日常语言学派"，约有四万字。车老师在该书后记里，特别清晰地记载道：

> 按照出版社的这个要求，我邀请十多位从事现代西方哲学研究的青年教师和研究生来共同完成这项工作。
>
> 此书各部分撰稿者的姓名均署在各部分的结尾处，供读者查阅。朱国钧、梁骏、王正毅同志除完成自己的撰写任务外，还做了不少统编和抄稿的工作。

常言道："人无压力轻飘飘，井无压力不出油"，正是通过车老师的"传、帮、带"，给学生们适当"加压"，并且"手把手"地教导，才使我们的学术规范性和科研能力不断提升，也为我们的写作能力的提升奠定了坚实的基础。

为了让学生们能够较好地完成硕士论文并通过答辩，车老师很早就给我们三人指明了方向，并提出具体的要求。记得车老师让朱国钧同学侧重研究有关卡尔纳普的语言哲学方面的思想和观点，让冯春凤同学侧重研究有关摩尔的语言哲学方面的思想和观点，让我侧重研究有关塞尔的语言哲学的思想和观点。他让我们三人在全面、深入研究的基础上，撰写硕士毕业论文。

应该说，这是我生平第一次听说塞尔（John R. Searle）的名字，之前压根不知道他是何许人也。后来才得知，塞尔是 20 世纪非常活跃的美国哲学家。记得当时领受车老师的指示后，非常高兴，心想这下论文研究有了明确的方向，可是当我到南大图书馆查询和检索时，才发现几乎没有关于塞尔的中文资料。当时只有中国社会科学院哲学研究所的涂纪亮先生，在宏观介绍西方哲学分析哲学流派时，粗略地提到过塞尔，而且那时涂先生的研究成果还没有正式出书，只有一本油印出来的参考资料。

为了深入研究，车老师还让我们三人到外地著名大学或图书馆查阅相关资料。我曾经到中国社科院哲学所、首都图书馆、北京大学图书馆和哲学系资料室等地方去查阅中英文资料。查询结果令人大失所望，有关塞尔的中文研究资料真的是寥寥无几。

我当即回想起车老师在我们研究生入学伊始时的告诫："你们做论文时会发现，几乎没有什么中文翻译的材料或著作可以使用，必须要研读和翻译最新的外文资料，这样才能做得出硕士论文。"这真是有言在先、提前告知！车老师的这句话，若干年后也成为我的"口头禅"。在我成为硕士研究生导师后，每当我的学生与我见面，首次谈话时我都会对学生说类似的话："从今天开始，你们一定要在英语上下功夫，大力提高专业英语水平，否则你们的硕士论文是做不好的。"可见，车老师的为师之道不仅深深地影响了我的一生，而且也传承到了我的硕士研究生那里，这就是"薪火相传"吧！

总之，我的硕士毕业论文是车老师出题，经过反复讨论，最后确定题目和论文框架，我所做的更多是往里面添加有关素材和资料。论文数易其稿，最后交给车老师的稿子是用四百字大稿纸誊写的，车老师对稿子进行了认真仔细的审阅。当我拿到返回来的稿子一看，上面有很多批示（非常可惜的是，车老师批示过的论文稿子没有保留下来）。稿子首页有一大段文字，大意是：你的论文稿子基本成形，材料较为充实，但还需要进一步修改、补充和完善。接下来，稿子几乎每一页都有画线或眉批，比如"此处还需要补充材料""这里需要加强分析""此段需要分出层次""注意错别字""留意标点符号"，等等。可以看出，车老师对我的论文倾注了大量的心血。我按照车老师的批示逐一修改和补充，最后终于上交了论文的定稿。我们三位车老师的学生，终于在1987年6月27日，顺利通过了毕业论文答辩。

我的《研究生毕业论文答辩情况表》的"导师对论文的学术评语"一栏里，车老师的评语是：

塞尔是日常语言派的主要代表之一，我国对塞尔语言哲学的研究尚少，此论文具有开创意义。论文资料充实，分析深入，论述清楚，有独立见解，是一篇优秀的论文，体现了作者良好的独立研究能力。

我的论文评阅人有两位，一位是中文系教授刘叔新老师，另一位是哲学系副教授王勤田老师。他们二人对我的论文的学术评语是：

论文对塞尔的语言哲学思想作了全面细致的论述分析，层次分明，结构完整，说理充分，方法新颖，分析中肯，突出了塞尔的意向性学说、语旨行为理论等核心，是一篇较好的硕士研究生论文。

后来，我的毕业论文再次经过修改和完善，被收入车老师主编的《现代西方语言哲学》（四川人民出版社1989年版）一书中。

记得当年车老师还鼓励我们积极向《世界哲学年鉴》投稿。我听从车老师的指教，写过几篇小稿子，投到年鉴编辑部，他们后来还陆续刊发了我投寄过去的小文章，例如，《当代哲学家简介：塞尔》《塞尔〈意向性〉书评》《美国"意向性问题"研究近况》等。这些都是车老师指导我写的论文的"附带品"。

尤其让我们感到快乐和高兴的是，能够参加在车老师家里举办的"西式中餐宴会"。即在特定的时间（往往是节假日），车老师的各年级的弟子们，相约齐聚车老师家里，让大家彼此相互认识和了解。那时车老师家住在西北村，似乎是两室一厅，面积不大，同一时间涌进这么多学生，可谓"人满为患"。最辛苦的人是师母，忙里忙外，买这买那，烧菜做菜，特意为大家准备茶水、酒水和美味佳肴。师母还特意准备许多小马扎、小板凳，大家或坐或站，随意自便。

按照当时"车门"传统，除了师母精心准备可口的饭菜之外，还鼓励每位同学自带一道"拿手菜"，贡献给大家吃，当然，带什么菜都是每人的自由发挥。记得有一次聚会，我与其他同学带来的菜重叠了，我们带的都是"天津烧鸡"，为此还相互约定，下次你若是还带烧鸡的话，我就改带别的菜。印象最深的是，那时几乎每人带一道菜来到车老师家，还相互吹嘘说，自己带的菜最好吃、最受欢迎。记得我们为此还争论不休。后来，大家找到一条相对认可的标准，即让"事实"说话，看一看，谁带的菜最多的人吃上、最先"光盘"。记得有一次聚会，最得意的人要数常健兄，他带来一大把香蕉和几瓶水果罐头（玻璃圆口的，分别是红果儿、菠萝和桃子等），接着他开始在车老师家里做起菜来：剥皮把香蕉切成小块，再把水果罐头打开，让师母找出家里最大的容器，混合倒入后一拌，一道美味可口的

"大菜"很快完成。常健兄还美其名曰：我这道菜是"水果拼盘"。果然，大家都很喜欢这道菜，纷纷盛入自己的碗中，很快它就被我们消灭得一干二净。这时，常健兄非常得意地说："大家看一看，还是我带来的菜最好吃、最受欢迎吧！以后我还带这道菜，这是我的专利，别人不得抄袭!"这一幕，我至今难忘。

总之，"车门"自助餐式的大聚会，其乐融融、大家真的是有说有笑、无拘无束，开心极了。每个人心理都盼望着下次聚会快点到来。

"车门聚会"这一做法深深地影响了我。若干年后，当我成为硕士生导师，有了自己带的研究生以后，也仿照着这一做法，邀请我的研究生们到家里聚会。我的学生们对此也是兴高采烈、印象深刻。真的是"车门"的优良传统代代相传！

总之，三年的研究生生活是紧张而愉快的。紧张的是，短短三年时间里，需要完成的学习任务特别多，课程多、作业多、科研活动多、学英语花的时间多……而愉快的是，在车老师的精心指导和培养下，我们取得了明显的成绩和进步。

## 三、南开教书阶段（1987—1991）

1987年硕士论文答辩完毕后，大家都开始找工作。

当时系主任陈晏清教授特别找我到他的办公室去面谈，希望我能留在哲学系工作，并给我一些时间考虑再最后决定。当得知这一消息，我的内心真的是既喜且忧。喜的是，我若答应下来，就可以成为一名光荣的大学教师了，而且还是在母校工作，这是多么令人骄傲和高兴的事情。忧的是，我以前从未给学生讲过课，能否讲好课，能否胜任这份光荣而神圣的工作。

带着忐忑不安的心情，我曾到车老师家当面请教。车老师知道这一消息后，特别为我高兴，支持和鼓励我尽快做出留校任教的选择。车老师指出，现在的哲学系确实非常需要补充新鲜血液，尤其在外国哲学方面，更是缺少年轻人。你留下来，起码可以在现代西方哲学领域，为系里和学校做出贡献。车老师安慰我说，你受过七年的哲学熏陶和训练，只要认真准备，一定能很快适应教师工作，上课绝对不是问题。听到车老师的建议和鼓励，想到自己今后能在导师身边工作，万一有什么问题，可以很方便地上门请教，原先忐忑不安的心情一下子就稳定下来，大有如释重负的感觉。

大约6月份办理完入职手续后，我很快就接到排课通知，让我暑假过后，即9月1日开学，就要给全校开设公共选修课——"现代西方哲学思潮评介"。接到正式通知，我的心立刻又紧张起来，毕竟这是动真格了，马上就要开启人生首次给大学生讲课了，而且是一个学期的课程。如何制定教学目的、教学安排、教学内容和教学方法，如何从"纸上谈兵"到"实际操作"，自己真的还没有十足把握。

在倍感"压力山大"之时，正是车老师的鼓励和言传身教给了我极大的帮助。我立即把车老师与王守昌老师合著的《现代西方哲学概论》（1983）和车老师的《现代西方五大哲学思潮》（1985）作为我备课的案头书；我在本科期间听车老师讲课的笔记也发挥了极大的作用，我努力回忆着当年车老师是如何给我们讲课的。在这里，我还要特别感谢常健老师，他曾经给予我非常及时的帮助，向我传授过讲课经验：在教室里面对着学生时，千万不能怯场，一定要充满自信心；你是在讲课，不是在背诵讲稿，语速一定要压住、放慢，让学生听清楚、听明白；讲课声音要抑扬顿挫、有起有伏；眼睛不要盯着天花板，要与学生有交流；等等。更加难能可贵的是，常师兄还无私地借给我自己的讲稿和上课提示的摘抄卡片。

其实，我深知，正是车老师和师母对我们的厚爱、关照和帮助，才培育了我们整个师门的优良传统——同门弟子之间的"互教、互学、互助"模式。

记得9月开学后的第一次大课，是在阶梯教室。当着上百位学生的面，我尽量去模仿车老师上课的样子，准备好一杯水，把精心准备好的讲课稿和卡片放到讲台左上角，从容不迫地、不紧不慢地开始讲了起来。课后我从学生那里得知，他们对我的讲课感到很满意，没有人知道这是我生平第一次上讲台讲课。

在克服了头一次上讲台的"紧张感"乃至"恐惧感"后，我自己不断地"借鉴"车老师的授课内容和方式。例如，在讲授"新托马斯主义"一讲时，当年的授课大框架如下：

一、老托马斯主义

（1）托马斯的生平与著作

（2）托马斯的基本观点

（3）托马斯的主要影响

二、新托马斯主义

（1）产生与演变

（2）新的特点

（3）主要思想

三、思考与评价

（1）宗教产生的根源

（2）宗教有别于迷信

（3）宗教的不同含义

其实，听过车老师讲课的人都知道，上面所提到的讲法和思路，几乎就是车老师当年的讲法和思路。当我还是本科生的时候，车老师在讲授"新托马斯主义"时，曾开门见山地说，你们要想明白和理解"新托马斯主义"，就必须首先要了解"老托马斯主义"。我所做的主要是"模仿"。我的体会是，一个人，如果能得到车老师的"真传"，哪怕是一部分，就可以成为一名合格的教师。

正是参照车老师的授课思路和方法进行"实战演练"，我很快就适应了教学工作。在南开大学任教的四年时间里，我曾经开设过全校公共选修课"现代西方哲学评介"；给在职本科生（学生年龄比我大）开设过"现代西方哲学思潮"；给哲学系本科生开设过"现代西方哲学——人本主义思潮"和"现代西方哲学——科学主义思潮"的必修课程；后来还给哲学系的研究生讲过"现代西方哲学专题研究"等课程。1989 年 6 月 28 日被评为讲师，同年 9 月，我竟然被评为校级"优秀教师"。我自己深知，这些成绩的取得，主要归功于车老师。

我不但在教书方面从车老师那里受益多多，在科研写作方面，我也得到过车老师的关照和提携。车老师除了亲自带领我们做研究、撰写书稿外，还为我们铺路搭桥，积极推荐我们参与其他老师的科研项目。

比如，车老师曾经把我推荐给南大历史系的张象老师，让我参与他的科研活动，为其编纂的书籍撰写部分的条目和章节。当时，张象老师正在主编《当代世界知识新辞典》（南开大学出版社 1993 年版，天津市"七五"期间哲学社会科学规划重点项目，世界当代史教学与研究工具书），他邀请我为该辞典撰写"现代西方哲学"和"语言学"方面的条目；后来，张象老师又编著过《20世纪世界文化》（四川人民出版社1994年版）一书，也请我承担了其中一章的撰写工作，即《西方现代哲学思潮的演变》。

再比如，车老师还把我推荐给王元明老师和赵超凡老师，当时他们正在组织编写《现代西方哲学思潮》（天津教育出版社1990年版）一书，用于高校学生的教材。我主要撰写其中的一章：《伽达默尔的解释学》。当年车老师指导了该书的编写，并审定了全部书稿。

总之，我认为，之所以能从"学生"顺利地转换成"教员"，从留校时的"助教"顺利地晋升为"讲师"，自己所取得的点滴进步和成绩，绝对离不开车老师的栽培和提携。

## 四、党校工作阶段（1991— ）

因为需要照顾父母和家人，我于1991年11月离开了南开大学，调到北京市委党校哲学教研部任教。离别之际，想到即将告别曾经学习和工作过十一年的母校，想到马上就要告别车老师、师母、同事们和朋友们，真的是恋恋不舍。

然而，车老师的影响并未因我离开南开而有所中断。车老师对学术的一丝不苟、为人的谦和、课堂上的风趣幽默、对学生的关心照顾、外语学习上的严格要求、写作上的文责自负等都对我后来的工作和人生之路产生过重要的影响。

车老师当年对我们在哲学专业方面的严格要求和训练，为我在多年后考取北大博士并顺利获得博士学位方面真的是"加分"和"助力"。

2001年，我萌发了"考博"的心愿，特别想报考一下北京大学哲学系的博士，领略一下北大的学习环境和样式。为此，我选择了时任哲学系主任的赵敦华教授为导师。记得当时考博的主要科目是：中国哲学、外国哲学和英语。这些考试课程，我在南开大学都曾认真地学过，并打下了扎实的基础，尤其是外国哲学和英语，都曾经得到过车老师的教导和点拨。

通过书面考试环节后，我有幸进入到面试环节，需要面对多位考官并回答相关问题。记得我报考的导师赵敦华教授也是考官之一。当了解到我曾在南开大学上过本科和研究生，并且获悉导师是车铭洲、研究方向是分析哲学后，赵老师开始不断地问我问题，大概是想进一步了解我在学校期间时的学习情况和论文情况。我从容不迫地逐一回答着问题，可是赵老师还是不停地发问。此时，我头脑里忽然闪出一句名言，于是我回答说："赵老师，您的这些问题我现在回答不了，这也是我为什么要考博的原因，我特别希望通过今后深入学习，搞清楚您的这些问题，那时再回答您吧！正如维特根斯坦所言，'一个人对于不能谈的事情就应当沉默。'"记得赵老师对我的回答非常满意，他停止了追问，其他的考官也流露出赞许的神情。其实，这句话正是当年在读研究生时，车老师曾给我们特别详细地解读过的。真没有想到，车老师的课上解读，多年后竟派上了用场——为我考博加分！

在博士一年级的时候，一天赵老师特意找我面谈博士论文的写作与开题，他问我是否已经有了明确的研究对象和题目，我回答说尚未考虑清楚。赵老师马上对我说，你能不能研究一下阿尔文·普兰丁格（Alvin Plantinga），他是当代美国在世的著名的哲学家，在学界很有名气和影响力。赵老师之所以这么做，主要的理由就是，他了解到我在南开大学读研究生的时候，研究的方向是"分析哲学"，而普兰丁格思想的主要特点就是，将当代分析哲学的方法应用于其学术研究之中，特别在认识论方面有自己的理解和建树。由此看来，我的博士论文题目的确定，与我之前跟车老师学习有着密切的关联。

车老师当年对于我在英语方面的严格要求和训练，在我研读博士时也发挥了重要的作用。赵老师明确了让我博士论文主要研究普兰丁格的思想后，立即拿出厚厚一部普兰丁格刚刚出版的著作，并让我参与该书的翻译工作。这需要我翻译大约十万字左右的内容。在四人的翻译与通力合作下，特别经赵老师的审校后，该书得以正式出版，书名为《基督教信念的知识地位》（北京大学出版社 2004 年版）。试想，若没有当年车老师的严格要求，没有经过哲学专业翻译的训练，我绝不可能胜任这本专著的翻译任务。总之，正是因为有了在南开大学打下的牢固基础，我后来才能够十分顺利地获得北大哲学博士学位。

当年报考车老师研究生时，我在给车老师写信时所立下的"誓言"（"我决心为哲学事业献身，终身乐此不疲"）得到了持守和践行，用现代流行语说，就是"不忘初心"。后来我在北京市委党校工作，因为工作需要，于 2004 年底从哲学教研部调到国际合作交流部工作，而且一干就是十二个年头。在忙于外事工作的同时，我从未停止过哲学教学工作和指导研究生的工作。

2019 年我退休了，回想自己的职业生涯，也曾换过不同的单位或岗位，我的研究领域也曾从西方分析哲学转到西方宗教哲学。然而，在南开大学的学习和工作过程中，车老师所给予我的思想启迪，为我们养成的学术规范以及通过潜移默化传递的价值观念，都成为嵌入我精神世界的重要印记，使我受益终身。

# 李连江[*]

## 从师三十年散记

车铭洲教授在南开大学执教已经整整五十年了。我与车老师的师生缘已结三十二载。这期间，我当了三次学生，三次教师，出入六所大学，履历平凡得无以复加。然而，写不进履历但深刻于记忆中的，是起起伏伏与磕磕绊绊。幸有车老师呵护，我总能走出黑暗，克服迷茫。几次关键转弯，都是车老师帮我掌舵。六年前，我在给妻子的信中说："没有他的鼓励，我肯定不会有今天。"

## 口试

第一次见到车老师，是 1980 年 6 月。西方哲学史期末考试，口试。学生按指定时间到，抽一张试题，准备

---

[*] 李连江，河北沧县人，1963 年生，南开大学哲学系 1978 级学生，香港中文大学政府与公共行政学系教授。中文著作包括《不发表就出局》《在学术界谋生存》《戏说统计》《戏说统计续编》。译作包括《人生智慧箴言》《现代西方语言哲学》《洛克》《孟德斯鸠》。

半小时，然后应考。我抽到的题目是关于康德哲学的。当时我想康德的书，去年夏天才在图宾根的书店翻过几页，纯粹出于好奇，想看看他的德文是不是真那么长，从句多得十个手指不够用。我对康德哲学懂多少，自然不须深究。看了题目，似懂非懂，半小时过去了，还是似懂非懂，只好硬着头皮见考官。

主考有三位老师，王勤田老师和张青荣老师分别讲授古希腊罗马哲学和18世纪英法哲学，熟悉，另一位老师没见过。我小心翼翼回答完问题，心虚地问：对吧？一位老师显然觉得有几分好笑，严肃地说：这是考试，问你呐。我一时语塞。这时，我不认识的那位老师开口了。他不紧不慢，轻声细语，讲解康德哲学中的范畴、理念、观念、上帝几个词的意思。我连连点头，心想，听说康德的书跟天书一样，他怎么用这几个词，我怎么可能搞清楚？

考试结果出来，我居然得了85分。庆幸之余，很感激老师们高抬贵手。大学四年，修了三十几门课，唯独清楚记住了欧洲哲学史的成绩，就是因为这别开生面的最后一课。

后来才知道，那位把口试变成授课的老师，就是车老师。再后来，我渐渐明白一个道理：教师的天职是教学生，授课与考试都只是教育手段。

## 治学

师母用一个字概括车老师治学：苦。车老师不言苦，只说做学问必须"坐得住冷板凳"。车老师的苦功和坐功，同学们没有不佩服的。临近毕业时，张敏兄问过我一个问题，是为生活而学问，还是为学问而生活，就是有感于车老师治学太苦。我清晰记得车老师坐冷板凳苦读的情景。我开始登门求教时，车老师刚搬出集体宿舍，一家三口住在学三食堂北面最后一排平房最东边的两间。进门一间，左手靠墙一张书桌，上面摆着一台英文打字机；靠东北角的墙根是车颂的单人床。右手一间，是车老师与师母的卧室，也是车老师的书房。一个冬日，我去请车老师看一封信。进门，车老师正坐在木椅子上伏案埋头读书。屋里冷如冰窖，炉火虽旺，车老师仍然披着大棉袄。那一瞬间定格在我记忆中，成为我对冷和苦的直观理解。

坐冷板凳，需要定力；下苦功夫，需要忍耐。定力和耐力，归根结底是意志。有志于学，车老师称为"想学"；笃志于学，车老师称为"真想学"。1986 年，哲学系学生会组织了一次座谈，主题是怎样学英语。我听说车老师主讲，就去听。主楼 317 教室坐得满满的，气氛热烈。主持人致开场白，请车老师发言。车老师接过话筒，开口就问："各位同学想不想学英语？"听众显然有几分意外，坐在前排的几个同学小声说："想学啊！"车老师接过话："想学？真想学还是假想学？真想学？那就学啊！只要学，怎么学都能学会！"接着，他讲了个小故事。十月革命后，列宁让苏共高级干部写文章。不少高干说，列宁同志，我们不会写。列宁说，关键是想不想写，不想写，永远不会写；真想写，写写就会了。

在学英语上，我能体会车老师讲的道理。读不懂，反复读；听不懂，反复听；记不住，反复记。不学，什么办法都没用；真学，慢慢地就摸索出适合自己的方法。惭愧得很，车老师论学哲学，讲的是同样的道理，我却没多少体会。他说，一开始看康德的书，看不懂。硬看，反复看，慢慢就看懂了。车老师曾给韩旭师兄和我讲罗素哲学，读《人类的知识》，一字一句地解读分析，可以想见他是怎样硬读的。我没学懂哲学，因为我并不真想学，没下过硬功夫。

车老师说的真想学，我体会至少有四层意思。真想学，就不在乎别人学不学，也不在乎别人学得怎么样。大学三年级时，我与车老师比较熟了。一次，在他家里，我说刚入学时因为英语基础等于零，对英语课怕得不得了，又见同学们个个用功学英语，而且几乎人人基础比我好，就不想学了，觉得再怎么努力也赶不上别人。车老师回答说："学的人很多，学得好的很少。"

真想学，就会努力学好，不会满足于差不多。有记者问季羡林先生，学那些早已作古的文字，如梵文、吐火罗文，有什么用？季先生淡然说："世间的学问，学好了，都有用；学不好，都没用。"什么时候算学好了？季先生没说，我觉得车老师的话隐含了答案，那就是人少。无论学什么，同等水平的人少了，就是学好了。

真想学，就会对自己有耐心。学英语是慢功夫，往往投入很大，收效很小。聪明人遇到这样的情况，很容易失去耐心，因为他们觉得如果把时间花在别处更有成效。真想学的人，下了功夫不见效果，会觉得理所当然。不急不躁，耐心学下去，慢慢就学会了。有一段时间，我觉得在英语上用功不小，水平却原地踏步，不由得怀疑自己的语言能力。车老师说，这是学习过程中的高原现象。任何学问，达到一定程度，就像是上了高原，再攀高一步要加倍努力。

真想学，才能埋头耕耘，不问收获。学者不可能不在乎学术成果，不过学术成果的有无和多少，并不总与学识和能力成正比。真想学，会更看重能力的提高，少计较成果的多少。有一次，我跟车老师说，有时晚上睡不着，躺在床上想想，觉得脑子空空的，什么都不会。车老师说，空空的是知识，知识很容易在记忆中消失，但是能力不会随着知识消失。

## 点拨

车老师讲课时，谈吐幽默，妙趣横生。课堂之外指导学生，则从来都是轻轻点拨。即使是有关重大问题的重要提醒，也似乎只是随口说说。言者有意，还要看听者是否有心。一开始，我不知道这是他的风格。后来，承蒙武斌师兄指点迷津，我才明白。回顾起来，正是车老师几个轻描淡写的说法，让我在学业上没有远离正轨。

大学三年级，为了学英语，张光兄发起，张敏兄和我参与，一同翻译 Armand A. Maurer 的《中世纪哲学》。后来，他们两位兴趣转移，张光兄、春平兄和聿飞兄各译一章，其余的我自己慢慢啃。译完三分之二，我觉得语法词汇没有难点了，想终止。车老师并不讲"行百里者半九十"的大道理，轻描淡写地说：还是翻完吧。我就把书翻完。

大学毕业那年，考研失败，我被分配到抚顺石油学院马列教研室。满心盼望当年就考研究生，无奈单位不准。我听从车老师的建议，继续在英文上下功夫。先翻译苑莉均师姐提供的语言哲学资料，后来在武斌师兄主持下翻译休谟书信。有一段时间没有哲学资料可译，就看梁实秋先生主编的《远东英汉大词典》。1984 年初夏，跟车老师汇报，说笔译基本过关了。车老师建议我在听和说两方面下功夫，"全面掌握英语"。那时，我的英语是纯粹的哲学书面英语，日常英语几乎是空白，听力没有系统训练过，口语能力似有若无。我一向胸无大志，觉得能翻译哲学文献已经够了，从未想过英语全面过关。车老师说应该全面掌握英语，我才朝这个方向努力。按照车老师传授的办法，我借到两位美国老师录制的《新概念英语》第四册，先硬听，记下课文，然后核对；每天早早起床，到学校操场大声背诵。听力提高了，英国文教专家也到了。因为能听懂，就有胆量找机会说。1985年秋天考回南开时，我的英语听力和口语基本上"学好了"，开始承担英汉口译。

我的英语，就是这样在车老师的点拨下一点点学会的。


## 尊师

车老师十分尊重他的北大老师，特别是王太庆先生。王先生精通多国语言，翻译过西方哲学经典，成就之高，后学无人能望其项背。王先生学问精湛，但因为"派曾右"，著述较少，到1980年代中，仍是副教授。车老师已经是正教授，尊称王先生为"教授的教授"。一次，全国外国哲学学会在贵州开年会。会议期间安排游览。车分二等，有小轿车，有大客车。会议组织者宣布：正教授坐小车，副教授坐大车。王太庆先生是副教授，很自觉地去上大车。车老师是正教授，跟着王先生上大车。工作人员说：车老师，您坐小车。车老师说：谢谢了，我陪着老师。给我讲这个小故事时，车老师风趣地说，有些人，外出游览神气活现地坐小车，开会时却上不了台，只有听的份儿。有的老先生，没资格坐小车，开会时坐在主席台上。师母在旁边听着，评论说：那些只会抢着坐小车儿的，都是"土豆山药蛋"。

## 惜才

师母常说："你车老师就是爱才。"车老师爱才，是纯粹的惜才。如果他认为学生有某方面的才能，一定尽力帮助这学生充分发展这才能。惠民师兄有政治才能，车老师支持他从政；佳杰师兄有经商才能，车老师赞成他下海；江怡师兄研究语言哲学有独到见解，车老师鼓励他坚守专业。车老师指导的研究生，有继承师业的，有在大学担任重要行政职务的，有在出版界负重要责任的，有在美国公司研究人工智能的，还有在美国州政府参与准备财政预算方案的，从业不一，都能人尽其才，这不能不感谢车老师。

车老师十分关心学生的健康，多次提醒我注意锻炼身体、保证营养。但他不赞成年轻人贪图安逸。车老师评论说，学问好了，一切都会有的，年轻人，不要早早地"小锅儿叮当"地过日子。他的批评，也纯粹出于惜才。

## 达观

师母说，车老师从来不失眠，"躺下就着"。学者中，睡眠好的如凤毛麟角。车老师治学认真严谨，但拿得起来放得下。这境界，"达观"二字仅能道得一二。我的体会是，太把自己当回事，就会把自己做的事太当回事，从而把自己关心的事太当回事。所以，不克己，不忘我，不无我，想寡忧少虑，如缘木求鱼。车老师的达观，大约是来源于他对自己的"轻看"。

我说车老师"轻看"自己，只有间接的依据。车老师当年住的平房，在最后一排的东北角，屋后就是空旷的操场，冬天北风一起，屋内极冷。他住北村时，八号楼和九号楼的八个角，住着南开的八个业务骨干。我记得五个，是物理系的谭成章老师，外语系的钱建业老师、常耀信老师，哲学系的方克立老师、车老师。车老师议论起这个现象，就像在说笑话。车老师大约与"角落"有缘，他现在的住所，也在一个角落。

对利达观，千难万难；对名达观，近乎不可能。文人好名，早有定论。其实，世人皆好名。杨绛先生记述下乡改造，说上级要求"诗画上墙"，被改造者作诗，署村干部名，朴实的农民兄弟见自己大名上墙，"喜得满面欢笑，宛如小儿得饼"。车老师是名教授，是实；但他一点名教授的身段也没有，是更实在的实。车老师搬到西南村后，我去看他，走时他送我到楼下。上了车，出租车司机说："这老头儿好，没架子。"司机师傅当然不知道车老师的身份，但他知道"这儿住的都是大脑袋"。

车老师的达观，自然而然地惠及学生。朱国钧师兄和梁骏师兄说，跟车老师谈完话，总会觉得特别有劲儿。这个概括很传神。无论什么时候，无论世间发生了什么事，车老师总是充满信心。我敬重的一位近邻称车老师这样的人为"不可救药的乐观主义者"。车老师对他的每个学生都充满信心，对学生的未来充满希望，学生们因为老师的肯定而产生自信，就比较容易从无望到有望。这方面，我像车老师的其他学生一样受益良多。

车老师达观，表现在他看什么人都好。车老师曾说他的缺点是看不到别人的缺点，这或许与他出身北大有关。张中行先生是老北大，他议论老师辈的老北大梁漱溟先生，说梁先生戴的眼镜是 GOOD 公司生产的，看到眼里都是好人。张老先生为此感到可悲，甚至静夜沉思时悄然泪下。车老师也戴着这样的眼镜，他的学生们却应该深感庆幸。一些良好品质，学生向往有，但暂时没有，车老师透过 GOOD 眼镜看到了，表示称许，学生于是加倍努力，慢慢地就培养出自己向往的品质。

车老师达观，与世无争。他治学勤奋，兢兢业业，只求提高自己，绝不贬抑他人。车老师尊重同事，从来不因为哪位同事业务水平稍逊而少丝毫尊重。这方面，我想学，努力学，但学得不到家。

## 智慧

据传，禅宗达摩祖师评价四大弟子，曰：道副得其皮，尼总持得其肉，道育得其骨，慧可得其髓。来新夏先生感慨启功老师弟子众多却无一人尽得其传。也许，大师之为大师，就是没有哪个弟子能完整继承其衣钵。师母说，车老师常告诉客人，他的学生已经超过了他。我始终认为，在具体知识上，车老师的学生能在某些方面超过他，但在智慧上却不免望洋兴叹。我越来越能体会车老师的智慧，但常常无法行出智慧，尤其是在以下三个方面。

顺其自然的智慧。在哲学系的老师中，车老师以不锻炼身体著称。不锻炼，并不是不注意健康，只是不勉强，不硬撑。有一次，车老师谈到几位老教师相约早起游泳，其中一位身体不适，勉强赴约，反而有损健康，他评论说：年轻人有弹性，能硬撑，但也有限度，不能绷断弦；老年人脆弱，撑不起，千万不要勉强。

尊严自保的智慧。自保而不失尊严，很多时候近乎不可能。"文革"时的一个"文化"创新是，商店买东西，与售货员对答，说话前先来一句毛主席语录。予生也晚，未躬逢其盛，听了姜昆和李文华的相声《如此照相》，有点半信半疑。车老师说，确有其事。我问，那得背多少语录？背错了怎么办？车老师说，不会背、背错了，都买不到东西，但是他从来没有遇到过麻烦，无论对方说什么，他就是一句话："毛主席万岁。"车老师的自保智慧，惠及学生，我是受益者。

独立思考的智慧。车老师的学生，都知道他"怪论多"。老同学王之刚兄生动记述了车老师的"知识分子爱睡觉论"。刘泽华教授的高足葛荃师兄告诉我，他讲授杨朱"拔一毛利天下而不为"，采用通常的解读。听课的车老师问："拔一毛利天下而不为，舍全身利天下如何？"葛兄说，通常的推论是：一毛尚且不拔，必然不肯牺牲性命，车老师的问题，提醒我们检视这类推论。车老师器重独立思考的学生。周绍强兄是全系有名的怪人，特立独行，暑假当临时乞丐，深夜独游黄河；思想比行动更特异，毕业后蛰居云南山沟，几乎与世隔绝，独辟蹊径创建广义辩证地缘政治论，玄妙精微，高深莫测。车老师欣赏绍强，认为"只有这样的学生才可能成为真正的哲学家"。

一件小事让我对车老师独立思考深有感触。车老师爱猫。我印象深刻的是一只黄猫，干净利索，冬天常卧在暖气包上睡觉，有客人来，有时会偎着客人。师母说，车老师晚上用功，这猫陪着他，坐在台灯边静观。师母还说，这猫通灵，有一次，她因为什么事数落车老师，正抱着这猫，小猫忽然好像生了气，"站起来打了我一巴掌"。有一回，车老师正送我出门，热心的邻居送来了猫鱼。小猫急着要吃，车老师先把它关在卧室，然后把猫的饭盆拿出来，蹲在走廊小心去掉可能卡猫嗓子的鱼刺。我看得有趣，忽然想到不喜欢猫的鲁迅先生，便说鲁迅先生仇猫。车老师一边拌猫食，一边说："老先生乱发挥。"

## 待续

写这篇散记，是为了庆祝车老师执教半个世纪，更是为祝愿我们的师生缘至少再续三十二载。所以，这篇散记会继续，首先在生活和工作中。我自己的教龄，已经超过二十年。不过，离退休还有一段时间。我会继续效仿车老师，像他对待他的学生一样关心我的学生，延续车老师的教泽。

续一　车老师学写作

车老师 1957 年到 1962 年在北大哲学系读书，那时，大学师生时不时被派到农村参加运动。黄枬森教授是著名哲学家，一年夏天，黄老师带了车老师所在的班级下乡。老师跟学生同吃同住同劳动。夏天热，晚上大家都在外面乘凉。车老师瘦，不怕热，一个人在屋里。

黄老师正写一篇论文，稿子摊在床铺上。车老师说：我过去偷偷看了看，有重大发现。黄老师的稿子改动很多！删改很多，很多地方涂掉了，重写。稿纸上划了很多条线，从稿纸中的一个个字引出一条条线，一条条线到稿纸边上，边上标明这里怎么改，那里怎么改。稿纸上花了很多圈，像圈地一样。

车老师顿悟了。原来老师写文章也要修改！

他说，这是个很重要的收获。看到黄老师的手稿前，他觉得老师太厉害了，经常在《光明日报》发整版文章。他常想，黄老师怎么就能写那么多那么快，而且那么好，我怎么就写不出来呢？

看到黄老师的手稿后，车老师知道，原来黄老师写文章也这么辛苦，要改来改去。

车老师说，那天晚上他感受最深的是老师写文章也要改。第二天就想到，老师写文章固然要修改，但毕竟跟学生改文章不一样。学生写一页，400 字，改来改去最后可能只剩 20 个字。黄老师也改，一页纸最后能剩 200 字。

这就是差距。

### 续二　教育是对话

机器的发明，令很多手工匠人失去了独立劳动者身份，变成了类似螺丝钉的产业工人。人工智能降临，开始取代普通白领，柜员机取代银行柜员，航空公司在机场设置检票机，让登机过程变成了智能测验。

面对人工智能的挑战，年轻人的应对之道是学编程，化被动为主动。即使在斯坦福大学这样的象牙塔顶，Python（一种计算机程序设计语言）和 maching learning（机器学习）也是热门课程。

据说，人工智能完全可以取代电视台的某些主播。

不过，专家普遍认为，人工智能无法取代教师。

2018 年 10 月，我去南开大学拜访车铭洲老师，聊天谈到这个问题。教育到底有什么特殊性，让人工智能无法取代教师呢？

车老师说，教育是人与人之间的互动，能产生只有在面对面的人际互动中才可能产生的心理效应，甚至生物化学反应。

确实如此。教师不是教书的机器，学生不是接受知识的机器。毋庸讳言，有照本宣科的阅读机教师，有对着空气讲课的录音机教师，也有鹦鹉学舌的角色教师。但是，绝大多数老师是活生生的人，有值得传授的知识，有值得学生汲取的智慧，有过来人的人生经验和情感，也有当教师的职业道德。这样的老师跟学生有眼神交流，会注意学生的反应，随时调整话题、语调、音量。即使不能表现独立思想与语言的教师也是独一无二的人，他们的缺点也能对学生产生积极长远的影响。杨绛先生的回忆录提到一位学生背后称之为"孙光头"的孙老师，孙老师讲《论语》，说"子曰"就是"儿子说"。就凭这一点，机器无法取代"孙老师"，因为机器人不会犯这样因为有趣而让学生记一辈子的错误。

如果学生上课没反应，看手机、聊天、睡觉，教师会感到无聊。学生有兴趣，肯提问，相当于给教师发回积极的反馈信号。

讲课很像现场音乐会，音乐厅、乐队、指挥、听众，甚至天气，都会影响音乐会的质量，影响每个在场的人的感受。每次现场音乐会都是独一无二的。课堂效果，七成靠教师，三成靠学生。

视频课的效果就差远了，顶多相当于录制现场音乐会，写书类似在录音棚或录像厅制作 CD 或 DVD，多了精致，少了活力。

正如车老师分析的，教学是沟通与互动。沟通是生活与事业的基本功，是易学难精的艺术。

## 续三 治学与参禅

1974 年，民间有个传说。王洪文与邓小平觐见毛泽东，主席让秘书拿来一个鸡蛋，放在书房的桌子上，让两位重臣把鸡蛋立起来。王洪文先试，横竖立不起来，失望地放弃了。邓小平胸有成竹地站起来，把鸡蛋在桌面上轻轻一磕，蛋壳破了一点，立住了。主席意味深长地对王洪文说：这就叫不破不立，是辩证法。

奥地利心理学家瓦茨拉维克 1987 年有个著名演讲，提到一个难题，姑且称为"一笔连九点"。就是一张纸上画九个圆点，分布在三行三列，构成一个正方形。如下图：

题目是：用铅笔连续画出四条直线把九个点连接在一起，画线时铅笔不能离纸，直线可以交叉，相当于采用"一笔虎"的笔法。

瓦茨拉维克说：我见过的人中，没有一个人独自解决了这个问题。这个难题的有趣之处在于，每个尝试解题的人，都试图在由这九个点构成的正方形之内寻找解题办法。对我来说，这个难题是个绝妙的隐喻，彰显了我们每个人在生活中都一再遇到的一种处境。这处境就是，我们在寻找一个问题的解决办法时，自己给自己增加了一个问题本来没有的附加条件，因而就找不到解决办法。也就是说，每个人都尝试在这个正方形内找到解决办法，而实际上只有当我们在画一条线超出这个正方形时才可能解决这个难题。也就是说，问题无法解决，并不是由于你遇到的处境无解，而是由于你尝试寻找解决问题的方式不对。你给自己增加的限制使这个问题变得无法解决。然而，这跳出框框的做法属于天才和创造的范畴，无法轻而易举地学到。毫不奇怪，这种跳出框框的解决办法常常显得不合乎理性，显得与健全的人类理智相抵触。

前面介绍的那个民间传说，讲的是相同的道理。毛主席出了个题：把鸡蛋立在桌面上。王洪文尝试解题时，自己给自己附加了一个条件：把鸡蛋完好无损地立在桌面上；邓小平心大，举重若轻，不给自己加这个毛主席没有设立的条条框框，于是难题迎刃而解。

以上算参禅，现在讲点治学。昨天一个学生反思道："最大的不足是做出来的东西会四平八稳，总是缺少那个 point（要点）。这些年在理论和写作上是有进步的，但好像缺少 point 的问题一直解决不了。"

我的老师中，车铭洲教授思想最富有创造火花，point 既多又妙。他的思维特点是：既严谨精密，又没有任何条条框框。这二者看起来是不是有点矛盾？如果你觉得有矛盾，那是因为你是在学术框框里面看学术。在框框里看学术本已是很难达到的境界，有些人好像很努力，但似乎一直在学术框框外打转转。试问学界同仁，有几个敢拍胸脯认为自己已经进入学术框框，知道本研究领域的前沿？

进入学术框框是成为学者的先决条件。除非是维特根斯坦那样的超天才，从学生化身为学者，恰似从青虫到蝴蝶，要辛辛苦苦学懂掌握前辈学者呕心沥血悟到的道理和创造的知识。这些道理和知识本来是鲜活的，如同树上的果实，是果树的有机组成部分。然而，一旦果实成熟收获，一方面固然获得独立，但另一方面也失去了原有的血脉。成熟是生命的否定之否定，如果不细心体会，不设身处地，便体会不到知识与其原创者之间的生命联系。试想，我们在课堂听课，能体会老师百分之几的苦心？我们读书，能品味作者千分之几的心血？我们学到的东西对我们一开始完全外在，学会后也很难成为我们自身学术生命的一部分。它们没有融入我们的心血之前，就是那个九个点形成的正方形框框，无论我们在框框内如何努力，最多也只能与框框重合，四平八稳，相当于做出一篇合格的文献综述。

而车老师怎样做到既严谨精密又没有条条框框呢？车老师的诀窍是：不是从学问外做学问，不是在哲学外谈哲学。他写西欧中世纪哲学史，身份不是 20 世纪的中国哲学史家，而是那个时代那个世界的哲学家；他写现代西方哲学，身份不是当代中国哲学教授，而是当代中国哲学家。

学者与学术成为血肉相连心心相印的统一体，学者自身成了活的学术，生命的本质是自我超越，学者生命必然发生的自我超越就是学术创造。这时，严谨精密与自由创造就完美同一，学术与艺术的人为边界也就不复存在了。

## 续四　学会自学

车老师说，学有四境：想学、真想学、真学、学会。

真想学，就真学，真学，就能从不会学到会学，从会学到善于学。真学，善于学，就能从不会到会，进而从会到精。不会，不是问题；不想学，是大问题；不真想学，是无法解决的问题。

坚持真学，假以时日，就能从不善于学到善于学。善于学有两方面。一是善于向他人请教。善于请教有三不问：一不问笼统的无法回答的问题，二不问肤浅的让人不耐烦的问题，三不问有难度但答案不难寻找的问题。善于请教不等于一遇到问题就发问。每事问，至少标志着还没学会自学；每事问，还可能标志着不想自学。

善于学的第二个方面更重要，是善于自学。自学有三个窍门：一是化繁为简，二是化深为浅。第三点最重要，就是自信：相信自己足够勤奋，遇到问题就上网检索；相信自己足够聪明，能看懂检索到的材料，能分辨材料的真假，能判断材料的优劣。网络是知识之神的化身，谷歌里有极大化的百科全书，YouTube 里有极大化的世界一流大学。自学能力，就是检索能力。

万事开头难，学习的开端更难，需要有懂行的人指导。但无论老师多热心、多耐心，都不可能手把手地教，只能在关键时刻点拨一二要诀。学生要用心听，更要动手实践，掌握了基本要点，就开始自学。自学就是自立，越早越好。

学业的成长，是个此消彼长的过程；请教的成分递减，自学的成分递增。有老师指导的自学，好比是飞机在跑道上加速滑行；开始以自学为主，相当于飞机起飞。

### 续五　读、读、读

车老师在北大哲学系的本科毕业论文，写的是康德哲学。他读康德，听从郑昕教授的指示，看不懂，再看，读不懂，硬读，反复硬读，终于读通。车老师靠自己的力量读通了，如登泰山攀到南天门，郑教授觉得孺子可教，悉心指导，助弟子飞升到玉皇顶。

车老师说，郑教授讲课效果欠佳，有些学生甚至质疑他的学问，觉得他名不符实。车老师得到郑教授真传，见识到郑教授的真功夫，悟到：郑教授其实是不愿花时间精力做无益之功，也不愿冒无谓的风险。学生不真学，老师无可奈何，多说无益。

确实，哲学是锻炼思维能力的智力体操。学生光听不练，老师说也白说。不止哲学，所有学问都如此。

车老师从哲学转到政治学后，读了不少政治学经典。有一次，他读萨托利（Giovanni Sartori）的《民主理论再探》（*The Theory of Democracy Revisited*），感慨政治学没有理论。这是习惯在崎岖陡峭的山路上攀上爬下的人忽然到平地生出的感慨。

能力体现在实践上。勉强划分，动手能力体现在做事上，动脑能力体现在创新上。能力超过了实践的需求，实践就如庖丁解牛。

人类的思维能力，千百年来似乎并无进步。体现人类思维能力顶峰的，很难比高下。哲学史、数学史、科学史、文学史，耸立的是一座座高峰。时代的不同，类似地理位置的不同，但高峰难分高下。

时代的进步，体现在顶级思维能力的普及度，也体现在普及的速度从慢到快，普及难度从高到低。峰顶高度不变，但从擎天一柱很快变成山峦重叠。知识基数增大，出天才的概率增加；经济教育医疗进步，天才成才的条件变好。好比是，土壤变肥沃，阳光变充足，水分变适度，长出参天大树的概率相应提高。

专家说，人类已经经历了农业革命和工业革命，现在如火如荼的是信息革命。信息革命是思维革命。

超天才例外，对绝大多数人来说，思维革命就是算法革命。算法模拟人类的思维，如同机器模拟人类的体能，是模仿，也是革命。挖掘机模仿人手的挖掘动作，但功力远超人手。算法模拟人类的运筹与计算，在特定领域，算法的功力已经是人类望尘莫及。最有力的证据是围棋。

统计分析是算法，是光学望远镜，倍数越大，看得越远，但只能看见可见光。机器学习（人工智能）也是算法，然而是射电望远镜，不仅看得远，还能"看见"不可见的种种射线。

从玄想到现实。思维水平高低，很难测量，判断需要直觉和经验，所以大学招聘教师有招聘委员会。这是无奈之举，委员会成员人人主观，价值不一，充满政治，但不能没有，不可取代。众人的主观，民主的麻烦，长远看优点大于缺点。

研究能力是动手能力，强弱比较容易判断，但需要时间和实践的检验，所以有试用期。非升即走，冷酷无情，是无奈的制度安排，自有道理，甚至可以说很有道理。

算法能力体现思维水平，能有效转换为研究能力，强弱容易判断。培养算法能力的优势，需要时间和耐心。一旦形成优势，比较容易保持。

无望成为算法专家，不妨成为算法的合格用户。当专家如登天，当用户似登山。登山的，有装备齐全的专业人士，也有设备简陋的驴友。就培养算法优势而言，数学背景较强的理科生是专业人士，数学背景偏弱的文科生是驴友。

我是文科生。不过，我学过哲学，虽然不成气候，但智力体操没白练。体现在学统计方法上，是转弯较灵活；体现在应用机器学习算法上，是能较快想象出聚类算法推算出的 centroids（群心）。所以，我曾在统计课上不无自负地说，我教的内容都是别人的，但我的教法是独一无二的。

空想无用，感慨大学不是桃花源，是诗人的伤感。桃花源本来就子虚乌有，大学从来不是净土。信誓旦旦不计功利献身学问，不如扎扎实实做点学问。空口无凭说自己思维能力如何高强，不如把看不见摸不着的思维能力转化为可见的应用算法的能力。

### 续六　活出真我

1981 年，车铭洲老师给我们年级讲现代西方哲学，平时有点空旷的南开主楼 316 教室忽然显得有些拥挤，走道上加了不少扶手椅。原来是一些 77 级同学来旁听。这些同学是错过了车老师的课，还是想再听一次，就不得而知了。

倏忽三十九年，车老师虽然已是"80 后"，但思维言谈一如往日。我到香港任教快二十四年了，每次去天津，都像读研前一样去车老师家蹭住，像读研前后一样蹭吃，更重要的是蹭智慧。车老师是富有智慧的哲人，不仅仅是博学的哲学教授。他有自己的哲学，因而能发自心底地体会其他哲学家的哲学，把他们埋藏在文字中的思路和想法重新变成活生生的思想。车老师的课堂是哲学道场，与他闲谈也是参禅。车老师在课堂上讲存在主义，描绘了海德格尔的"Sorge"，他译为"烦"，我倾向译为"忧"，其实意思相同："乱我心者，今日之日多烦忧"。关于海德格尔的"面向死亡之在"，车老师的解说是：人固有一死，有生必有死，有死却未必有生，所以生命宝贵，人生尤其宝贵，所以要活出真我。

什么是活出真我？车老师指出，活出真我有两层含意。肤浅的含义是追求表面的与众不同。记得车老师的原话是，"无论出现在什么场合，都令人大吃一惊：哇！这个人！"

80 年代并非一贯开放，穿喇叭裤一度被认为是"奇装异服"。车老师不赞成某些人指责年轻人奇装异服。他说：服饰是约定俗成，没有什么本质的"奇装异服"；

"中山装"曾是奇装异服，"西服"是奇装异服，"衬衣"是奇装异服；对襟褂子缅裆裤，农民认为不是奇装异服，但他们自己也不穿了。

有一次，和平路大明眼镜店前面，两个穿喇叭裤烫卷发的小伙子引起路人围观，这两位顾盼自如，神态洋溢着睥睨凡夫俗子的自得。如果他们知道时髦的哲学术语，大约会自称"存在主义者"。

追求表面的与众不同，确实是存在主义的一层含义。海德格尔本人是思考者也是实践者。他的口音、服饰、举止，都具有被认为刻意打造的"小农"特色。他拒绝去柏林任教，选择留在哲学本属的乡下之地，建造"小黑屋"，生活起居像农民一样事事亲力亲为，与哲学教授的身份格格不入。海德格尔还曾把表层的"活出真我"推向极端：加入"德意志国家社会主义工人党"，申请出任弗莱堡大学校长，出访把党徽挂在胸前，一直缴纳党费，直到纳粹政权倒台，毕生不公开谴责针对犹太人的种族灭绝。

车老师说，活出真我还有深层的意思，就是追求自我实现。追求个人的自我实现，并不意味着追求做出惊天动地的事业。活出真我就是自觉地生活，活得"有我"，也就是说，既不"无我"也不"唯我"。哲人的心是相通的，休伯特·德莱弗斯（Hubert Dreyfus）有相似的解释。他说，一个木匠，开始追求活出真我，并不意味着改行。他每天仍在作坊做木匠活，但是，午休时，他忽然发现近处的山坡上鲜花盛开，会一反常态，前往欣赏花之美，感慨生命之美。他并不流连忘返，也不会脱光衣服在花丛上打个滚，但他活出了真的自我。这个境界，很像禅宗的禅悟人生。以下抄自张中行先生的《禅外说禅》：

> 大珠慧海禅师——源律师问："和尚修道还用功否？"师曰："用功。"曰："如何用功？"师曰："饥来吃饭，困来即眠。"曰："一切人总如是，同师用功否？"师曰："不同。"曰："何故不同？"师曰："他吃饭时不肯吃饭，百种须索，睡时不肯睡，千般计较，所以不同也。……是以解道者，行住坐卧，无非是道；悟法者，纵横自在，无非是法。"（《五灯会元》卷三）

大学毕业后，我被分配到抚顺石油学院马列教研室任教。1982—1983 年，我住在第一教工宿舍终日不见阳光的 133 房间，开始有 6 个室友，后来减为 5 个，有时还能看见老鼠出没。那时，我认为自己是存在主义者。因为我天天在教研室用功，一位年长的同事善意地提醒我不要追求"个人奋斗"，但她的夫君似乎更欣赏我，不仅亲自来观摩，回家后还称赞"那才真是干'四化'"。

三十二年后，2015 年 12 月 19 日上午，我在人民大学作关于学术研究与发表的第 6 讲，结尾时说了一段题外话："我们最后说一下名和利。学者当然要图利，没有利怎么生活呢？学者不能让家人过上中等的物质生活，是个人的耻辱，更是社会的耻辱。学者当然也要求名，不求名活着有什么价值呢？我们要在学术界生存，唯一的目的就是要建立自己的学者身份，而建立学者身份就是要创新、要承传，就是要突破自己的极限、突破学术界的极限，只有这样，我们才能在学术界有自己的名声。学者追求什么？学者不能追求成就感，不能追求成功，因为成功是由别人来肯定的。我从来不追求成就感，我没什么雄心壮志，但是我有个追求，就是刚才跟各位强调的自我实现。祖祖辈辈给我们留下来的这点聪明才智是我们的资产。从小学开始，社会就给我们提供了很多特权，我们能上大学是以很多人不能上大学为代价的，我们能做学问是以很多人做那些枯燥的、重复的、无聊的、甚至折磨人的工作为代价的。我们有这么优越的条件，遇到了这么多好老师，我们要努力实现自己的价值，这样才没白活。别人承认不承认我不在乎，我也不追求别人的承认。"

## 续七　授徒的良知与艺术

李零先生的《丧家狗：我读〈论语〉》是学术巨

著，也是绝佳的电影脚本，遇到合适的导演和演员，可以拍成得奥斯卡奖的大片。不读李先生这本书，我也能连蒙带猜读懂《论语》的字面意义，但深层意义顶多能领会三成。

李零先生是高人，我无缘拜会，只借陈新建先生的光得到李先生一本签名赠书。但我读《丧家狗》，能感受到作者授徒的良知与艺术，也体会到了孔夫子这位"老师的祖师爷"授徒的良知与艺术。具体说，良知是设身处地，毫不藏私；艺术是掌握分寸，拿捏火候：只能醒悟的，点到为止，让徒弟自省自悟自修自练；可以言传的，细致入微，让徒弟一听就完全明白做什么，知道怎么做。

1984年5月，我回南开看望车铭洲老师。车老师指示我"全面突破英语"。关于练听力和口语，他讲了当年在留苏预备班学俄语的经验，尤其是练发音的经验：早起，到操场上大声朗读，反正左右无人，不怕难为情；俄语的小舌音发不出来，就含上一口水练。

那年暑假，我在抚顺石油学院的操场走了无数圈，从早上五点半走到七点，边走边背诵《新概念英语》第四册的课文，不知不觉中练出了说英语的胆量。张光兄赞助我的那部东芝录音机，在那个暑假发挥了极大的功用。日本产品的特点是质量上乘，饶是如此，录音机的后退键还是被我摁得脱了胶，驱动录音带的橡皮圈疲劳过度罢了工。幸好室友沧州老乡刘占民兄心灵手巧，胶到病除，橡皮筋顶替橡皮圈，否则我就得花两三个月的工资再买台录音机。

很怀念在希望与绝望的交替中磨炼成长的艰苦岁月。

### 续八　车老师隽语数则

大诗人的寥寥数语与大哲人的长篇大论等值。

球赛是集体运动，彰显团队精神的特殊魅力，偶然性大，运气成分大，悬念多，裁判的影响大，是文明化的战争。观察球迷怎样看球赛，可以判断社会的文明程度。

个人项目是单打独斗，彰显个人的真功夫。不过，体操跳水例外，裁判的主观打分影响太大。田赛、竞赛、球类单打，有效限制了裁判因素，看起来最带劲儿。跑得快一点儿就是快一点儿，投得远一点儿就是远一点儿，运气的成分降到最低，实力的作用升到最高。

本科生要学会读书。会读书，指的是为提高自己而主动读书。高中阶段往往被老师领着走，甚至拖着走。读四年大学，要学会读书，知道自己对哪些书有兴趣，对哪些书没兴趣。

硕士生要学会批判。会批判，指的是围绕自己的关怀、兴趣和目标，发现知识的边界。对一个领域特别有兴趣，看来看去，会发现该有的还没有，也会发现现有的并非最佳。这就是批判。

博士生要学会创新。会创新，指的是修补知识的不足，纠正错误，突破边界，开拓新领域。攻读博士学位，目标就是学会怎样填补大大小小的空白，纠正大大小小的错误，开拓大大小小的新课题。博士论文总得有点新东西，这个新，并不是你觉得新，整个学界都承认新才算数。即使不进学术界，学会创新也受益无穷。

总而言之，本科生是知识的消费者，能吸收知识就合格；硕士生是知识的评价者，鉴赏精准就合格；博士生要脱胎换骨，从知识的消费者和评价者变成生产者，有创新才合格。

凡物都有保质期。近看：食品有保质期；远看：地球有适居期。人也有保质期。近看：精力有保质期；远看：人生有鼎盛期。个人的保质期提出一系列问题。个人与社会之间，每个人都有保质期，但很多社会机构是长期的，机构的岗位相应是长期的。比如，大学是长期的机构，大学校长是长期的岗位，出任校长的是有保质期的个人。这样就出现了一系列需要研究的问题。个人的质如何判断？保质期如何测定？如何保质？

实事求是，是科学方法，也是道德境界。作为道德境界的实事求是，有两个同等重要的方面。一是自己以实事求是为准则，二是尊重他人实事求是的权利。对世界的认识不可能穷尽，他人求到了他们的是，并不妨碍我们求自己的是；反之亦然。宇宙广大无边，世界丰富多彩，如果仅仅有是有非，只是黑白两色；有是，有也是，才是五彩缤纷。

走在路上，总是辛苦的。但有路可走，就是幸福；走得动路，是更大的幸福。

南开园是根藤，结了两个瓜，教授是苦瓜，研究生是傻瓜。

## 续九　留有余地

"艰苦努力是对的，但是要留有余地，每天有规律地增加点锻炼身体的时间。"这是车铭洲老师不久前对学生的叮嘱。

今天周末，为车老师的话做个注释。学术研究是极限运动，所以艰苦努力是对的；学术生涯是漫长的比赛，所以要留有余地；身体既需要静态的维护，也需要动态的更新，所以要有规律地增加点锻炼身体的时间。

学术研究是极限运动。什么叫极限运动？竞技运动都是极限运动，跑马拉松、跳高、跳远，都是极限运动。自以为跑得快、跳得高、蹦得远，没用，得超过所有对手。要艰苦努力，才能达到自己的边界，不达到这个边界，不拓展它，就是没有发现最好的自己，没有发展最好的自己。

学术生涯是漫长的比赛。多长？如果从读博士算起，预选赛大约六年，初赛六年，复赛六年，决赛二十年。在学术界谋生存求发展，十分辛苦；不辛苦，不可能有成就。

但是，辛苦本身不能创造，要科学管理时间，艺术地、智慧地辛苦工作，才是在学术界谋生存求发展的正路。同时，千万不要莽撞地突破自己的极限，突破极限是个漫长的步步为营的蚕食过程。

既要艰苦努力，又要留有余地，似乎是自相矛盾。然而，生活本身就是矛盾，是作家刘震云笔下的《一地鸡毛》。明白这个事实，是人生智慧的萌发；坦然接受这个事实，是人生智慧的扎根；学习应对人生实苦的事实，以苦涩为品味甘甜的基础，以劳作为建功立业的节奏，是人生智慧的开花结果。

说点比较具体的。过劳是常见现象，但有两种看待过劳的角度，一是治人的角度，二是治于人的角度。

心理学家耶基斯（Robert M. Yerkes）和多德森（John Dillingham Dodson）把人的心理生理状态划分为三个区。

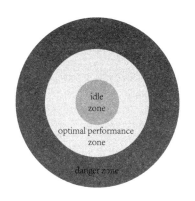

绿色区，治人者称为懒散区（idle zone）；治于人者称为舒适区（comfort zone），大致相当于"葛优躺"。

黄色区，治人者称为最优业绩区（optimal performance zone），治于人者称为风险区（risk zone）。

红色区，治人者称为危险区（danger zone），治于人者称为焦虑区（panic zone）。

学术生涯的特权是自主。每个学者，一分为二，既治人，也治于人，治自己，被自己治。管理自己的时间，统筹自己的精力，经营自己的才能。双重身份，决定了三要三不要。

第一，要给自己保留绿色，但绿色不要太多。绿色代表森林，森林是氧吧。绿色时间必不可少，但不能多，多了就是放纵自己，放纵自己的后果很严重。体育运动是积极的绿色时间，不过也要注意适度，不要上瘾，不要在体育运动与身体健康之间画等号。

第二，要把每天的黄色时间最优化，但不要最大化。黄色代表黄金，黄金代表价值。最优业绩时间不能少，但不能贪。王积薪围棋十诀的第一条就是"贪不得胜"。

第三，要提防进入危险区，迫于时势，有时不能不拼，过红线难免，重要的是知道自己过了红线，更重要的是让自己尽快退出危险区。不要以异常为常态，不要以红为黄，不要留恋危险区。在雷区逗留越久，爆雷的概率越大。

最后说点可以操作的。是否具有对身心健康的高度敏感，关键标志是对自己的极限有没有清晰的意识，有没有可靠的观测指标。怎样判断自己是否已经踩了红线？怎样及时发觉已经进入危险区？

珍惜自己的健康，保持对身心健康的敏感，才能及时捕捉到身体发出的信号。我们的身体时刻都给我们发信号，关键是我们是否有心听，是否注意听，是否真听。

倾听生理健康的信号比较容易。弗洛姆在《爱的艺术》中说："普通人对自己身体的运转都有一定的敏感。他能注意到身体的变化，包括轻微的疼痛。获得这种对身体的敏感比较容易，因为绝大多数人都清楚身体状况良好时是什么感觉。"

容易，并不意味着人人都能做到。过劳的人对自己的身体健康也不敏感。常言说，赖赖巴巴的人能长寿，有一定道理。身体不强壮的人敏感，健康出一点问题就知道，就会小心应对。身强力壮的人往往过于自信，不生病时逞强好胜，得了小病不在乎，一旦小病变大病，很快就垮掉。

与倾听生理健康的信号不同，倾听心理健康的信号不那么容易，听懂更不容易。仍然引用弗洛姆的话：

> 对精神过程的敏感却很少见，因为绝大多数人从来没见过精神状态完美的人。他们认为父母、亲人或社会群体的精神状态就是常态，只要他们自己精神状态不偏离这常态，他们就觉得自己正常，就没有兴趣观察自己的精神状态。

孩子一哭，母亲就会醒来，而更响的噪音却不会把她惊醒。所有这一切，都意味着她对自己孩子生命的变化有一种敏感；她既不恐惧，也不担心，是在一种清醒的宁静中感知，时刻准备接受来自孩子的一切有意义的信号。我们对自己可以具备同样的敏感。例如，觉得累，感到压抑，不要消极忍受，不要让招之即来的忧思愁绪加剧这感觉，而是应该问问自己："我这是怎么了？为什么如此压抑？"注意到自己愤怒气恼，发现自己做白日梦，或以其他方式逃避现实，也要这样自问。在这些情况下，重要的是追寻真正的原因，而不是千方百计地通过合理化逃避问题。我们应该倾听自己内心的声音，这声音经常会很快就告诉我们，我们为什么如此不安，如此压抑，如此愤怒。

弗洛姆的忠告是：你要是哪天觉得你特别爱生气，易怒，人家没说什么，你就特别生气，要提醒自己，可能是你自己出了问题。这就是敏感。每年春天，我都提醒学生天天晒太阳。春天是香港的高危季节，自杀率偏高。原因之一可能是天气潮湿，人处于一种胶着状态，阳光较少。晒太阳可以抗抑郁。

弗洛姆说白日梦是信号，无疑是对的。根据我的体会，从事脑力劳动，判断是否到了极限，更可靠的信号是累人的梦。怎样挣扎也跑不快，乘飞机赶不到登机口，坐火车赶不到检票口，醒了以后很累，甚至直接累醒。这是过于紧张匆忙的信号。不堪重负，步履维艰，这是心理负担过重的信号。更常见的梦境是考试：找不到笔，看不懂题目，想不出答案，写不出答案，这是脑力消耗达到极限的信号。做了这类梦，就进入危险区了，务必尽快退出，放松，少工作，做轻松的事，或者干脆不工作。不要硬挺，硬挺会让神经麻木，丧失敏感，把危险淡化为风险，后果就是过劳，过劳会制造灾难。

人生在世，要活出真我，自然要追求成功。但是，下功夫是日常，拼搏只发生在关键时刻。人生只在极特殊的短暂时间处于生死存亡的战争状态，那时，要只争朝夕。多数时间是来日方长，要张弛有度，不要过于匆忙。

抽象地说，功不唐捐，功夫不负有心人，功夫下得越大越好。具体地讲，这个道理就不成立了。人生不是以天为计时单位，是以年为计时单位；学术生涯计时单位更长。人生在世，必须关注的事情很多，不可能把时间精力只投入一件事。无论什么时候，一要慎重区分轻重缓急，二是凡事适可而止，紧要关头一定咬牙坚持，可以放松的时候务必尽情放松。

做不到张弛有度，不要找借口。珍惜自己，把自己的命当命，才能活出生命的价值，除此之外，没有更好的办法。

再说一次：哪天你做了个很累的梦，第二天必须休息，放松，不然就会过劳。

## 续十　师母的教诲

谈车老师，自然会谈到师母。

车老师的家是个小家：他、师母、独子。车颂兄先忙于功课，后忙于工作，经常不在家。车老师家的年轻人不断，更多的时候是他的学生。车老师家，是我们这些学生的大家庭。

这个大家庭有两个主人，车老师传道授业解惑，鼓舞学生；师母关心照顾爱护，激励学生。

师母的性格，核心是：要强。

她讲往事，常发的感慨是："我就是机会不好。"

她称赞年轻人，常用的三句话是"知道用功""能吃苦""争气"；批评年轻人，常用的三句话是"不知道用功""不愿吃苦""不争气"。

她跟车老师比记忆力。她把二十多个政治局委员的名字和排名记得一清二楚，说起来如数家珍；她牢记全国主要姓氏的人口数，告诉我：全国姓李的有多少多少人。师母说的是准确数字，我记不住。

她议论人物，常用的评语是："嘛大教授！还不如我这个农村老婆子呢！"边说边笑，经常笑出泪花。

1983 年，师母用质朴的语言教我如何脱困。她说："你别好好地给他们干！你干得好，他们更不让你走了。你跟领导这么说：我小，学生们比我还大，我压不住台，上不了课。一来二去的，他们就放你走了。"

为了要强，必须示弱，是师母教我的大智慧。

我大女儿得到师母两件宝贵礼物。出生后，她得到师母一针一线缝制的布老虎枕头；结婚时，得到了师母从吴桥老家背到天津的小粗布被面。

师母的名字与她本人一样又普通又不凡：张淑贞。

王正毅<sup>*</sup>

# 我的学术启蒙之师

从 1982 年 9 月 1 日作为本科生到南开大学报到，
到 2002 年 9 月 2 日作为教师离开南开到北京大学报到，
我在南开大学学习、生活、工作了整整二十年。也许是
命中注定，一天不多，但一天也不少。

在南开大学学习、生活和工作的二十年里，我曾得
到过许多前辈的提携，也得到过无数同龄挚友的帮助，
我一直有一个心愿，在退休前写本小书，取书名为《走

---

　　* 王正毅，教育部长江学者特聘教授，北京大学博雅特聘教授，国际
关系学院学术委员会主任和国际政治经济学系主任。主要从事国际政治经
济学理论、东亚地区一体化、世界体系与中国等方面的教学与研究。代表
性著作有《边缘地带发展论：世界体系与东南亚的发展》（上海人民出版
社 1997 年）、《世界体系论与中国》（商务印书馆 2000 年版）、《世界体系
与国家兴衰》（北京大学出版社 2006 年版）和《国际政治经济学通论》
（北京大学出版社 2010 年版）。曾获奖励主要有 1999 年教育部"优秀青
年教师基金奖"，2000 年入选教育部"跨世纪优秀人才（人文社会科学）
培养计划"，2001 年国务院政府特殊津贴，2002 年教育部"霍英东教育
基金第八届青年教师基金研究奖"，2008 年主持的课程《国际政治经济
学》被评为"国家级精品课程"和"北京市精品课程"，2009 年"北京
市优秀教师"称号，2009 年入选人力资源和社会保障部"新世纪百千万
人才工程"，2014 年入选教育部长江学者特聘教授。

南闯北》，这里的"南"特指南开大学，"北"特指北京大学。我希望从西南联大的历史以及我所接触到的西南联大的教师和当时的学生写起，也融入 1982 年以来我个人的求学和工作经历，希望能够从中总结出一些我国高等教育过去一百多年的经验和教训。

与车先生的许多弟子稍有不同的是，我在南开跟先生学习现代西方哲学三年，后来在先生的领导下作为政治学系的教师一起工作了十三年，所以，先生对我的影响就不止于几件涉及个人发展的小事情了，而是整整一代知识分子对于学术研究的态度以及作为教师的职业操守。从车先生身上，我发现了那一代知识分子的一些群体特征。

敬畏知识。如果从代际的角度看，在过去一百年里，中国的知识分子可以分为三代："第一代"主要是指那些求学于 20 世纪 20-30 年代的群体；"第二代"是指求学于 20 世纪 50-60 年代的群体；"第三代"则是指那些求学于 20 世纪 80-90 年代的群体。求学于 20 世纪 20-30 年代的那一代青年群体，虽然国家多灾多难，社会动荡不迭，但追求知识和真理是那一代有志青年的共同之处，那一代知识分子大多学贯中西，治学严谨，学术多元，留下许多不朽之作。而求学于 20 世纪 50-60 年代的学者，由于国际和国内环境的限制，虽然学术视野和学术成就整体上不及第一代学者，但继承第一代学者衣钵的也不乏其人，车先生就是其中杰出的代表。我在南开做学生时，两代学者都接触过；后来工作时、特别是负责全校文科科研工作时，对两代学者的了解更深入。这两代学者的一个共同特征就是对知识有所敬畏。车先生在作公开讲座时，听者云集，先生通常是带着自己精心准备的讲稿；即使是先生给我一人上课，先生也总是带着两样东西，一是原著，二是自己阅读的笔记和心得。这种对待知识的态度一直影响着我，如果说我在追求知识积累的过程中有所进步的话，这与耳濡目染于先生是分不开的。

善待学生。在我们生活的世界里，没有什么职业比塑造人的精神世界的职业更崇高的了——这就是教师。不管教师自己的学问如何高深，能将每位学生培养成不但有知识和智慧，而且还有情趣的人，都应该是教师至高无上的成就，这是我与先生多年共事所得。先生性情温和，这与他学术的严谨多少有点冲突，尤其是在培养学生的过程中。学生的志向不同，因而对待学术的态度自然不同；学生的脾气性格不同，因而处事方式亦相异，但先生总能以欣赏之心对待每位学生。共事多年，从未从先生口中听过对任何学生的不满。相反，每当学生有事相求时，先生总是尽力帮助。回首过去，我自己作为教师也带过无数学生，善待每位学生成了我作为一名教师的座右铭，这与先生的影响是分不开的。

从容处世。观念决定着每个个体的行为，价值取向决定着每个个体的偏好，政治学家通常关注人类的公平，经济学家通常关注资源利用的效率，而哲学家则关注公平和效率背后的价值取向。在我从哲学转入经济学又转入政治学之后，跟随先生所学的哲学真谛"终极关怀"令我受益终身。先生处事的方式是从容，在开始时，我并不是很理解，总觉得以先生的学识和人品可以做出轰轰烈烈的大事来，但随着年龄的增长、阅历的丰富，我感悟出从容对于人生的意义。当我将离开南开去北大的决定告诉先生时，先生请常健师兄、杨龙师兄、杨师兄的女儿和我一起吃了顿饭，在鼓励之余，先生作为老北大向我们讲起北大的历史和北大的特点。经过十年的努力，当我所钟爱的专业在北大落地、生根、开花和结果时，我才顿悟出从容对于生命的意义。

在我离开南开十年之际，得知先生终于同意我们写点东西。老实说，这几年忙于教学和科研，难得回南开一趟，即使回去，也是来去匆匆，与先生的交流越来越少。但静下来时，总是想起先生，想起师母，想起车颂，想起南开：想起苦恼彷徨时到先生家里诉说；想起骑着自行车带着先生去火车站送先生出国开会；想起师母端上热气腾腾的鸡蛋面条；想起师母来到 11 宿舍为我那刚出生几个月的宝宝炒芝麻；想起在先生家里想张开嘴与前来的外国朋友说英语但又不好意思的尴尬场景；想起与车颂一起骂骂咧咧地玩耍；想起为某些观点或些许小事与先生争论；想起师母给我讲先生年轻时的故事；想起……很想念车先生和师母，也很想念南开，因为那里曾经是我的精神家园，更是我的第二故乡。

写于 2012 年教师节

# 韩 旭[*]

# 师恩如山

　　我以为，但凡在生活中有所成就者，可能无一例外地在生命路途中的一些关键时点上都得到过贵人提携相助。车老师就是我生命中的贵人。这话听起来可能有些俗，但却是我内心的真实感受。

　　我是 1986 年有幸成为车老师现代外国哲学专业硕士研究生的。此前我本科专业是英国语言文学。考入南开，既兴奋，又紧张。毕竟我的哲学底子薄，而南开哲学系人才济济。车老师除了在读书方面给了我许多耐心而细致的指导之外，还为我提供了许多机会给来南开讲学的美国哲学教授做翻译。80 年代中期正值中外学术交流趋于活跃之时。我懂得车老师的苦心：让我做翻译一

　　* 韩旭，1960 年出生于天津。1982—1986 年就读于天津师范大学英语系。1986—1988 年就读于南开大学，为车铭洲教授现代外国哲学专业研究生。1988 年到伦敦政治经济学院攻读博士，1993 年获博士学位。1993—2002 年，担任英国广播公司国际部的高级财经节目制作人和编辑。2002 年加入总部设于英国伦敦的世界矿业巨头之一的力拓矿业集团，并被派驻北京担任集团中国首席经济师，负责对中国的宏观经济和与公司业务相关的主要行业的预测分析，为集团决策提供咨询和意见。

方面是使我有机会发挥我的语言专长，增强我的自信心，同时也促使我尽快弥补知识上的欠缺。

和做一般交流性的口译不同的是，做哲学课的口译，必须要能够理解老师讲的意思，跟得上讲课的逻辑和思路，否则听者就会不知所云。在这方面使我终身受益的一次机会是车老师派我和他最优秀的学生之一，连江兄，在河北大学哲学系为美国鲁宾逊教授做三个月的课堂口译。除了从鲁宾逊教授那里学到了许多最前沿的西方哲学理念和思维方法，连江兄严谨的学风和他那超群的中英文语言水平，给我留下了极其深刻的印象，给了我知不足而奋发努力的紧迫感。

让我真正一睹车老师演讲风采的是一次全校范围的公开讲座。这么多年过去了，我仍然清晰地记得那间能容纳几十人的教室里挤进了上百人的场面。我早就耳闻车老师讲课很精彩。眼见为实。在那堂讲座上，车老师深入浅出，幽默又充满智慧的话语使得课堂气氛十分活跃，笑声不断。哲学课能讲成这样，让我叹服！作为车老师的学生，我们为自己的老师深深地感到自豪。

1988 年，在车老师的大力推荐下，我有机会到英国政治经济学院读博士学位，这更加改变了我的人生轨迹。我从心底里感谢车老师对我的厚爱。

车老师为我打开了人生的一扇门，让我走入了一个精彩的世界；车老师为我竖起了一个标杆，让我永远清楚自己的差距。车老师的博学、睿智、谦和、低调一直是我为人、为学、行事的楷模。

日月如梭，我离开南开已近四分之一个世纪了。但在过去这些年里，我有幸每年都有机会和车老师、师母见面、畅谈。车老师依然是那样好学不倦，他对许多问题深刻的思考和敏锐的观察使我受益良多。作为在研究生阶段才进入南开的晚辈，我能得到车老师如此的提携和栽培，能得到师母多年来的关心和呵护，我感到很幸运。在今后的工作和生活中我要不懈地努力，以报师恩。

我衷心地祝福车老师和师母健康、愉快！

# 苏福兵[*]
## 从长辈到人生导师

　　由于不同的机遇，我与车老师的师生缘和其他师门子弟不太相同，他们大多数人是通过哲学思想、学术兴趣认识了作为指导教授的车先生，而我则多了一些个人层面的交往。车老师对我来说首先是一位令人尊敬的长辈，然后才是学业的导师。我是 1987 年参加高考的，我们县城中学历来少有人考上清华、北大，如果有，也是乏人问津的冷门专业，为了能上我喜欢的物理专业，最后报志愿时我选了南开并被录取。当时国内高校间资源差别不是很大，南开物理专业也是人才济济，未来似乎一片光明。临赴津前，父亲工作单位的一位同事称其堂兄车铭洲在南开教哲学，兄嫂一家为人正直善良，嘱咐我一定拜访，并托书一封望照应我的学习和生活。哲学

　　* 苏福兵，1987 年考入南开大学物理系，两年后转入政治学系，研究生阶段师从车铭洲教授学习当代西方哲学，于 1992—1993 年在南京大学–约翰斯·霍普金斯大学中美文化研究中心进修，并留校任教。1995 年进入芝加哥大学政治学系攻读博士学位，主要研究方向为中国政治和政治经济学。毕业转往布朗大学从事博士后研究和教学，两年后入职于纽约中部的瓦萨学院，现任该院政治学系教授。

与我的专业关系不大，但我第一次离家到大城市独立生活，有长辈关照自然很是感激，没有想到的是，这段缘分彻底改变了我人生的志趣和轨迹。

秋季入学不久，我就敲开了车老师位于北村的寓所，虽是两室一厅，但厅堂实际只是一个逼仄的过道，加上一楼光线不好，一间大一些的卧室成了接待客人的场所。屋里的陈设非常简单，印象最深的是一张大床，占了房间的一角，大约四分之一的面积，斜对面是一张长沙发，沙发正对着电视。车老师通常坐在沙发靠门的一边，师母似乎更爱坐小板凳，我则挑床的一角，三个人既可以同时看电视，又不妨碍面对面交谈，好像我们每次的谈话都是在这样一个不正式但很温馨的情境里进行的。

和这种简朴环境相契合的是车老师的随和，天热时他就穿一件白棉布跨栏背心，下面是宽松的短裤，脚上一双塑料拖鞋，不时轻踩在身前的茶几上，一点没有大学者的做派。对我一个小县城来的新生，研究西方哲学的教授还不得西装皮鞋、不苟言笑且云里雾里的？可眼前的车老师除了一副眼镜以外，和邻居家叔叔没什么两样，只是他谈吐中充满了智慧，多么深奥的东西都能用平易的语言表述出来，嘴角还总是带着笑意，有一种慈眉善目的感觉，让人愿意安静下来聆听。师母则有山东人的爽快，喜欢用更朴实接地气的话讲述一些道理，

"吃苦"是我听得最多的一句。师母来自农村，承继着普通老百姓吃苦耐劳的品德，总能豁达对待过往的苦难，比如那些住铁皮房烧小煤炉的日子。我家境虽称不上贫寒，但父母远离农村的大家庭在异地谋生，作为第一代"城里人"也是经历了不少苦日子，对这套话语自然亲近并乐于接受。师母还常常提起各位师兄师姐的求学趣事，颇有一种大家庭内部"唠家常"的氛围。

除了车老师和师母对晚辈的温暖关怀，我初次见面最大的感受就是二位简单的生活。随着更多的交往，我渐渐意识到，这种朴实的外表下面其实是一个更广阔的精神世界。车老师常说一句话，人就一副"臭皮囊"，没必要太在意外在的修饰和生活的享受，但对物质、名誉、权力的淡漠并不意味着放弃追求，相反他们的精神世界更加丰富。每每想起北村那个寓所，我脑子总会出现"斯是陋室，惟吾德馨"几个字，在我的世界里他们的生活就是对古人理想的最好诠释。但和刘禹锡笔下那个人分三六九等的场所不同，车老师的访客里既有"鸿儒"也有"白丁"。在这间小小的卧室里，我见到了形形色色的人，有学富五车的学者、专心向学的研究生，也有刚开始在企业里工作的年轻人和来自农村的乡亲。记得某次还有一位厨师朋友上门做了一道锅塌豆腐，并讲解了其中的诀窍。总之，都是一些有趣的人。

更妙的是，车老师总能在交谈中引导出有意思的话题，有一次大概在座的有从事运输或销售的人，车老师感叹道，"好家伙，这市场真神奇，几百万人的吃喝用度这么复杂的东西它怎么就能顺利运转起来呢？"当时中国的市场转型正处于关键时刻，许多人习惯了政府的大包大揽、全面管控，对市场有种天然的怀疑甚至抗拒，车老师则对这个新鲜事物充满了好奇，甚至可以说是赞许，他在思考这种制度存在的机理。一个个只顾赚钱养家糊口的商贩怎么知道人们需要什么东西？又怎么确定数量和价格呢？全社会这么多人的生计掌握在这些没有多少"知识"的人手中靠谱吗？有什么可能出现的问题？政府包揽能不能做得更好些？政府官员的知识可能比商贩多，但他们的知识对市场运作有用吗？更重要的一点是，促成官员行动的动机又是什么？除了经济外，政治运作也可以遵循相似的方法吗？在后来的学习中，我接触到许多古今中外思想家对这些问题的讨论，并慢慢喜欢上了这种把微观基础和宏观事件建立逻辑联系的政治经济学方法，它成了我了解世界、提出问题的重要视角。当然这些都是后话了，在当时学术研究主要服务于政府管理的大环境下，车老师能放下指点世界的傲慢，谦卑地思考周遭生活中许多东西存在的道理，体现了一个知识分子的独立和担当。

在无数次看似闲聊却很有启发性的谈话中，我的世界一点点被打开，第一次知道除了原子、行星、普朗克、爱因斯坦之外，人自身的世界也同样奥妙精彩，我开始对未来有了新的想象。萌发好奇心的我一次又一次地叩响车老师的家门，有段时间几乎是隔一星期就拜访一次，通常在周六晚饭后出门，宿舍关门前回来。经过行政楼前的荷花池时有时与天南街看电影、吃夜宵返回的人流汇合，在新开湖的路边也会遇到舞厅散场的情侣，但我从来没觉得自己的周末损失了什么，相反那可能是我一星期中最充实的时候，我现在依旧很怀念那段可以让大脑放飞、做梦的时光。

其实当时我最需要的就是能在精神上找到新的寄托，第一学期的大学经历深深动摇了我对物理的兴趣，来了南开才知道天外有天，其他同学在物理上比我的天赋高太多，更让人沮丧的是高校分配制度要进行市场改革，旧体制过分强调数理化和基础研究，而市场化要求资源更多配置到生产第一线，这意味着未来只需要少数人从事科研工作。物理系一年有九十多名学生，不少人是抱着"爱因斯坦第二"的理想来到南开的，至少他们也会自诩是天之骄子，可最后大多数人必须去国有企业做技术员甚至还得自己联系单位，这种落差和对未来的不确定导致厌学情绪很普遍，有人陷入自我怀疑，有人挥霍时光，很多宿舍彻夜打牌、摸麻将，也有人沉沦于游戏厅、舞厅和录像厅。在社会剧变中，年轻人本能地感到焦虑甚至愤怒。但也有一些头脑清醒的人未雨绸缪，转而学习其他出路好的专业，诸如计算机和金融。车老师的启蒙让我有幸成为其中一员，没有为青春和时代的迷茫所吞噬。那时我已经喜欢上了社会科学研究，到三年级时顺利地转入政治学系，然后研究生阶段在车老师指导下学习西方政治理论。

那阵子车老师是系主任，我作为本科生、硕士生、年轻教师见证并参与了政治学科从起步到快速发展的阶段。南开是全国首批恢复该学科的大学之一，天时和地利固然重要，但是也离不开车老师创造的"人和"，他的人格魅力吸引了一批中青年学者。当时没有人受过正规的政治学训练，但是大家都一心探索学科重建，在各自的领域埋头苦干，很多人后来成了这些方向的开拓者。尤其值得一提的是车老师对青年学者的提携，他似乎天然相信初出茅庐的年轻人，并能找到每个人的长处并使其发挥出来。在中国政治方面，政府学、行政学、农村学慢慢成形，在国际政治方向，年轻人也挑起了大梁，开设了关于美国、欧洲、拉美、亚洲的课程，政治理论的训练既有中西传统思想也有最前沿的政治经济学理论，我被点名准备定量研究方法的课程。当时青年教师的生活条件很艰苦，不少人只能住在又黑又暗又潮的教工宿舍，共用卫生间，在走廊里做饭，很难想象就是这样一群连体面生活都谈不上的学人保持着那么强的创造力，没有淡漠物质、追求丰富精神世界的环境是不可能的。

"人和"也把南开政治学推到了世界政治学研究的版图上，车老师欢迎国外学者访问讲学，给我们带来最新的观点和方法；对于研究中国问题的学者，车老师则尽量提供方便，甚至动用个人关系打通官方渠道，同时鼓励我们和这些学者交朋友，我自己就陪着好几位教授和博士研究生跑了不少乡镇，既增加了对现实中国的了解，又学会了一些田野调查的方法，这些朋友对我后来申请学校甚至学术研究的发展都很有帮助，他们也把天津当作研究中国政治发展的一个基地。这要归功于车老师宽广的学术视野，在他那里很少听到什么家国情怀或者国家骄傲，也不会挣扎于什么民族的或者国际的，学术关注的是人和他们生活的世界，好奇心和研究是不需要疆界的，它是全人类共同的事业，彼此交流学习才能一起提高，这种自省开放的胸怀恰恰展示了他瘦小身躯里蕴藏的自信和对学术自由的坚守。在当今世界，全球思潮普遍变得狭隘僵化，在大众政治上更是民族主义盛行，只关注小圈子内（国界、宗教信仰、种族、性别等）的利益，恐惧甚至妖魔化圈子外的人和群体，不少知识分子把这种戾气带到了公众舆论和学术研究上，学术讨论也要讲圈子、划阵营，由此更可见车老师胸怀的难得。

从进入研究生院到今天，快三十年了，在这段求学过程中，我尽量用车老师的言传身教来规范自己的研究，以好奇和谦卑的心态从身边的人和生活里提炼问题。近些年来，我的精力更多转移到了学生的教育上，体会到教书育人的不容易，更领悟了车老师的为师之道。我的学校只有本科生，和研究生不同，绝大多数人不清楚自己的兴趣和发展方向，让他们保持学习的激情不是一件容易的事，好多次我都很沮丧，觉得自己在浪费时间和精力，每每这个时候我就会提醒自己想想车老师对我和其他年轻人的信任和耐心，花时间找到学生的长处，真诚地鼓励他们尝试，并宽容他们犯错。我不敢说自己能够很好地做到这些，但幸好有车老师作为我人生的参照系。为师之道其实也是为人之道，归根结底是要做一个有同情心的人，这个过程注定会是一场漫长的"修行"。

尹艳华*

# 车老师与我的师生缘

因为高考时政治考得比较好，中学校长就帮我报了哲学系。所以我算是误打误撞入了哲学的门。时光荏苒，虽然我最终从事了管理学和公共管理的教学科研工作，但却无悔于当初的选择。哲学已然入骨。

1982 年，我这个 17 岁的小丫头，从内蒙古的一个小镇，步入南开大学哲学系。那时在哲学系里车老师是西方哲学领域令人仰慕的知名学者。同年 11 月，车老师就赴美访学，我等小辈几乎没有机会聆听先生的教诲。后来常健师兄任我们班导师，常常用车老师的"语录"教导我们，我们才有幸间接受教于车老师。1986 年我本科毕业留校做学生工作，1988 年当我计划考研时，选择了车老师的西方哲学与青年教育方向，这是车老师和我的师生缘之始。

---

* 尹艳华，1982—1986 年就读于南开大学哲学系，1989—1992 年师从车铭洲先生，1986—2001 年在南开大学任教，2001 年至今在东华大学公共管理系任教。

而今，回想三十二年来的工作和生活，虽然没能学到老师学问的万分之一二，更没能像师兄弟姐妹那样在学术及各领域贡献卓著，光耀师门，但是在我人生的每一个关键点，我都承蒙车老师的引领和教诲，师恩如山，没齿不忘。

1989 年我如愿考取了车老师的在职研究生，同时调入政治学系负责团总支工作。考虑到需要一定的时间熟悉新的工作环境，我主动向时任系主任的车老师提出延迟一年入学。车老师却说："女孩子能早上最好还是早上吧，年龄大了生活上的压力会更大！"车老师的这两句话是如此平实，却让我感动得几乎泪目，终生感怀！硕士在读期间，车老师再次赴美访学，但是对我们这些学生都做了妥善的安排，最终我们都以优异的成绩顺利毕业。在我之后的人生历程中，车老师一直都是重要的见证人和提携者。我结婚时，车老师是我的证婚人；小女出生时，师母细针密线亲手缝制了虎头枕，让我给孩子枕着，保佑孩子平平安安。这不仅是师生之情，更如父母之于儿女晚辈的亲情！

在南开的时候，我一直住在校园里，有空总会去车老师那儿坐坐。车老师和师母对我们每个学生的近况甚至是我们孩子的情况都如数家珍，我们取得的每一点儿成绩都会令老师骄傲和欣喜。他们对待每一个学生都如自己的孩子一般，倾注了父母般的关心和呵护。

岁月更迭，我们也已经为人师，为人父母，但是总能在车老师那里获得思想的启迪和不断进步的鼓励。在我遇到一些大的选择时，也总是向车老师征询意见；事业和生活取得了一些进步，也总想着和老师分享；职称评审遇到了瓶颈，车老师也是千方百计帮助我解决。硕士毕业后，我希望转为专职教师，车老师十分支持我的想法，这期间更得到了朱光磊师兄的大力帮助。可以说，我在南开工作的十四年来，一直得到车老师的呵护。

2001年我们举家迁往上海，临行前车老师亲自下厨，给我饯行，后来宏伟师妹还"嫉妒"老师偏心给我开小灶。

离开南开二十年了，只要回天津能有一点时间，我必定会去拜望车老师和车师母。车老师的博学、睿智、豁达、谦和总能让我获得人生的启迪，师母的慈爱、敦厚、和蔼也总让我感到温暖。

车老师的思想影响是深远的。深富哲理的"撞钟"理论，不仅在我为学生时得到了印证，以至后来为人师时体会更加深刻。车老师的"民主就是麻烦"，这一深入浅出的精辟思想，我总是乐此不疲地把它传授给我的学生。

车老师的人生态度是达观的。先生的事业并非顺风顺水，但从没听他抱怨过，一切在先生看来都是历练，总能在磨难中获得好处，这是人生的大智慧。每当我遇到挫折，老师都是我激励自己的榜样。

车老师的思想是开放进步的。车老师的眼界开阔，笔耕不辍。他对新事物不排斥，充满了好奇心。车老师退休多年，依然保持良好的学习习惯，听英文广播，看学术期刊。车老师思想敏锐，关心社会问题，从来不把哲学当成奢侈的思想理论。车老师不仅是我们的学业上的良师，也是我们事业和生活的楷模。

我很惭愧在学术上没有努力上进，深感有负师恩。但自己也一直以车老师为榜样，严谨治学，认真做事，真诚做人。

如此烦琐细碎，难以成文。但是这些琐碎的点点滴滴，恰是车老师和学生的真挚情谊所在。

今生能成为车先生的学生，何其幸也！


## 不能不提的师母


在我心中，师母永远是那么健谈，那么慈爱，每每探望车老师和师母，总能和师母聊很久。师母对车老师的每一个学生都如对自己的孩子一般，倾注了如父母般的关心和爱护。对我们每个人的近况甚至是孩子的情况她都如数家珍，每每看她翻动我们照片慈爱的神情，恍惚看到了自己父母的影子。

小女出生后，师母细针密线亲手缝制了一个虎头小枕头，让我给孩子枕着，保佑孩子平平安安。这不仅是浓厚的师生情，更是父母之于儿女晚辈才有的感情呀！

调离天津以后，第一次回南开看望老师和师母，给师母带了一条丝巾，师母当即戴上说"俺这辈子没有女儿，可是你车老师的这些学生都像我的女儿一样，俺这一辈子可有福气哩！"师母的话语总是那么朴实无华，却永远那么温暖，让我们铭记于心。

## 刘宏伟[*]

## 记忆如昨

据说人的记忆是有选择性的，光阴荏苒年纪渐长，曾经的林林总总慢慢模糊远去。但南开岁月中的点点滴滴却常常萦绕于心，在时光流逝中愈发清晰。

1985 年我读大二时被学校选送到南开大学政治学系学习，前提是毕业后回原来的高校从事学生工作。南开大学政治学系最初的两届本科生都是从天津各高校保送的学生，是当时教育部为加强高校学生思想政治工作的举措，只在 83 级和 84 级两届学生中各选了一个班，所以我们自己调侃，这是"空前"和"绝后"的两个班。车先生从哲学系来到新组建的政治学系任首届系主任。作为一名本科生，我当时所知道的是，先生在同学们的心中是神一般的存在。当年经常能看到先生走在北村与主楼之间的路上，衬衫比外套长一截，当时觉得这种穿

　＊ 刘宏伟，1988 年南开大学政治学系本科毕业，1992 年南开大学政治学系硕士毕业。师从车铭洲教授。现任教于大连理工大学马克思主义学院。

衣风格好另类却有道骨仙风，没想到若干年后这成了一种时尚。而我所不知道的是，一个系从无到有，学科建设、师资队伍建设、学生管理、行政事务，多少繁杂而具体的工作，先生付出甚多又举重若轻。从多位留校师兄的文章中，得知先生为政治学学科建设，为年轻教师的学术研究方向都做了很好的规划。

后来在课堂上听先生讲课，先生总是能用生动诙谐的方式将晦涩的西方哲学讲得入脑入心，讲台上的水杯就是先生讲课的道具。至今仍记得先生讲当代青年的迷惘与困惑，举的例子竟然是当时最流行的歌曲《我是一只小小鸟》，这么多年过去了，每次听到这首歌，我的脑海里浮现的都是当年课堂上同学们会心而笑的情形。今天想来，先生当时的年纪正是我如今的年纪，但我感觉自己已然跟不上潮流的前浪，年轻人的怀旧金曲在我这里是未曾听过的新歌，而先生却是一直与时俱进，高深的学问也能以年轻人易于接受的方式表达出来。

考研成绩公布后面临选导师的问题，我想找车先生又不敢去敲系主任办公室的门，班主任沈老师鼓励我说，车老师那么和蔼，不用紧张，去试试吧。我鼓起勇气找到车先生，表达了愿望，没想到先生爽快答应了，出来以后兴奋不已，在同学艳羡的目光中好像已经登堂入室，初次体会了作为车门弟子的自豪。其实对于先生的学问，自己至今也不得见宗庙之美，百官之富，这是作为车门弟子的心虚之处。我再次真切体会到作为车门弟子的自豪是在二十年前，教育部社政司组编一套教材，我作为副主编参与其中一本教材的编写。社政司负责组织这项工作的一位处长，听说我是车先生的弟子，立刻跟我夸赞先生学问好又谦和，因为车先生负责主编这套教材中的《现代西方思潮概论》，与这位处长多有接触。感觉因为车先生的名气，当时还只是讲师的我也得到了学术上的连带信任。因为在编书期间那位处长跟别人介绍我时一定会加一句，这是车铭洲老师的学生。先生的学问对我来说一直是"虽不能至，然心向往之"，但有幸共同参与过同一套教材的编写，大概是我这个心虚的车门弟子此生在学术上离先生最近的距离了。

因为选送的原因，我需要保留入学资格回原学校工作一年，临走时问车先生这一年我工作之余应该学些什么，先生嘱我好好工作，有时间多看书，别丢了外语，最好能学一学英文打字。那一年我报了一个英文打字班，又从学校借了一台老式英文打字机，下班回到宿舍后自己练习，滴滴答答的声音在寂静中听起来倒也格外悦耳。虽然我的英语水平一直没有长进，但英文打字这个本领也没白学，后来用电脑的时候比别人能更快适应。

保留资格一年后重返南开，那一届车先生带了三个研究生，尹师姐、志成师兄和我。每位导师都给自己的学生单独开课，而我们仨成了同学们羡慕的对象，因为每周有半天可以到车先生家的小书房上课。先生会提前布置我们读书，上课时让我们先讲自己的理解，再带我们研讨。休息时老师会跟我们聊一些日常，我由此知道了有那么多出类拔萃的师兄师姐；知道了老师在"文革"期间一边参加劳动一边不放松学习，甚至通读了马恩全集；知道了那么瘦的老师竟然多次主动献血。老师领我们研讨时的专注以及与我们闲聊时的放松，在我看来都有一种说不出的"范儿"，当时形容不出来，现在想来大概是"温而厉，威而不猛，恭而安"的写照。后来我自己带学生，在不自知中已经按照先生的方式去做了。聊以自慰的是，虽然没能传承师门学问，但至少没有丢掉车门的宝贵师风。

我也是在那段时间认识了师母，师母的亲切热情和通透豁达是先生的弟子们都有深切体会的。师母当时在居委会工作，说起来评了先进要做发言，先生给写发言稿，结果效果特别好。当时听了好羡慕，感慨先生没有教授的"架子"，觉得这就是传说中的琴瑟和鸣吧。若干年后当我帮某人加工发言稿时，忍不住抱怨：我导师家里是先生帮师母写发言稿，到我这儿怎么反过来了？再次感慨先生家里女性解放程度高，师母才是牛人。

我们在读期间先生再次赴美访学，临行前为我们三人定下了各自的毕业论文选题，并将我们托付给另一位老师，之后我们三位顺利毕业。遗憾的是当时先生不在国内，所以答辩和毕业都没有与先生合照。尹师姐本来就是本校在职读研，志成师兄是留校任教，而我则因为家庭原因回到了大连。多年后跟学生讲起来，说我离开天津，高大上的理由是为了爱情，其实就是因为在那边没能把自己嫁出去。不曾想到过了十年，尹师姐也因为姐夫的原因离开了南开（现在志成师兄也离开了，与我和尹师姐不一样，志成师兄是作为人才被选调进京。用志成师兄自己的话说，他和我们一样，由南开人变成了南开校友）。

因为原学校不同意，我最后协商退了读研三年的工资才被放走。当时办手续很匆忙，离开时也没去南开，以为距离并不远，回来应该很容易。没想到一走就是多年，其间庸庸碌碌，十足成为师母口中"不知道用功"的人，不好意思跟老师师母汇报，大概跟近乡情怯的道理一样吧，但其实心中从未忘记。志成师兄显然理解我这层心思，所以在 2015 年那次重聚时，安排我代表弟子们给先生献花。感谢志成兄当时"以权谋私"，给了我这个机会。

车先生学用微信以后，我跟先生语音通话，每次听到先生中气十足又带着笑意的声音，好似又回到了当年。先生询问我的工作情况，关心我的生活和孩子，还将同在大连的政治系校友介绍给我认识。当年离开南开比较早，没能如尹师姐那般吃上"小灶"，但一样感受到了先生的关爱，先生如同所有关心子女的老父亲一般。

李连江师兄翻译的《人生智慧箴言》中我最喜欢的一段话是："年轻时，我们认为，如果某人某事对我们一生有重大影响，事情一定会轰轰烈烈地发生，人物必定在鼓乐齐鸣中登场；年老了，回顾以往，才知道一切都悄悄然，蹑手蹑脚从后门溜进来，几乎察觉不到。"回看人生，何其幸运，重要关口，确无鼓乐齐鸣，但有悄然出现。当时不自知，现下已了然。

三十年倏忽而过，当时在先生家书房研讨过的书还在我的书架里，读过的内容已模糊不清，只有照进书房的暖阳、先生的面庞、书桌上的茶杯、慵懒旁观的猫，深深地印在脑海中，一刻也不曾远去。

罗金凤[*]

# 先生：您永远是我人生中最亮的那座灯塔

　　哲学与情感本是一对矛盾体，当真挚情感"战胜"哲学，哲学只能以隐喻的方式存在时，不是那帮学哲学的人"疯"掉，一定是发生了"重大"事情。那帮"哲人"从哲学思维中抽身还原于"人"，积蓄多年的情感就像蓄水数年的三峡大坝，一旦有一丁点缝隙，便倾江倒海般喷泻而出。这满满的蓄水池是车先生的"平等、开放、达观、睿智"的智慧之神和师母的"善良、宽厚、豁达"的仁爱之心；而提闸之人，便是提议召集这次"车门弟子会师"的师兄。

　　最好的教育是什么？卢梭在其著作《爱弥儿》中说道，"最好的教育就是无所作为的教育：学生看不到教育的发生，却实实在在地影响着他们的心灵，帮助他们

　　* 罗金凤，1966 年出生，山东齐河人，教授。1991—1994 年师从车铭洲教授。2001 年 8 月从聊城师范学院调入山东商业职业技术学院，历任学工部长、团委书记、校长助理、副校长、纪委书记，2017 年 11 月主动转岗做教学科研工作，现为商德研究所所长。主要研究方向为职业道德教育、高职学校管理。主持省部级课题四项，市厅级课题三项。发表论文近四十篇，专著一部。

发挥了潜能，这才是天底下最好的教育。"换句话说，最好的教育，就是你几乎忘记了学到的所有知识，但唯独铭记了精神。我想车先生给予我的就是这样最好的教育：二十六年过去了，当我也年过半百，忆往昔，依然热血澎湃；对未来，依旧信心满满。

先生永远是我敬仰的智者，是我人生中最亮的那座灯塔。

1987年我毕业并留校聊城师范学院（今聊城大学）做辅导员，这是山东省一所普通的师范本科学校。1989年之后，国家开始高度重视意识形态工作，一些条件成熟的高校开始招收思想政治教育专业研究生。我是1991年入学南开大学政治学系思想政治教育专业的，那一级研究生共有10名，记得其中思政专业9名，西方哲学专业1名。10名同学中，3人为南开应届本科毕业保研的，其余7人都是在职考上的，而且大部分都是定向生，毕业时必须回原单位工作。思政专业当时有四五个方向，我慕名选了车先生的当代西方哲学思潮与青年教育方向，同级同门还有王倩师妹和西方哲学专业的苏福兵师弟。

对车先生的敬仰与爱戴也代表了我对南开的情感，这种感情是"不思量自难忘"。因为像我这种毕业于普通地方高校的学生来说，能够到南开读研，是莫大的荣幸与自豪，而这种自信与骄傲通过三年的浸润早已融入血液，无论遇到多大的风雨，面临怎样的诱惑，都能够清楚地知道：你是谁，你到底想要什么。

先生和南开给我最大的财富是：平等和自信。平等与尊重相关，平等与自由、信任和谦逊相连；自信与拼搏上进、踏实肯干、不计名利互为因果。南开以博大的胸怀善待每一个学子，车先生更是不问出身和地域，对弟子一视同仁，倾其所有。他的"我教书，是做一天和尚，撞一天钟。学生是和尚，我是钟。你撞重点，我就响重点；你敲轻点，我就响小点。你不撞，我就不响"就是很好的例证。我也是做教师的，只知道教书育人，但总是把学生当作"对象"，从没有像先生这样"高规格"看待学生。基于平等理念，所以先生对我们学生总是循循善诱，总是给我们足够的自由、信任和尊重。哲学对于我们女生来说，不是一般的难，萨特我是真的读不懂读不会，但先生不曾有半点责备和"不屑"，而是以他通俗的语言和生动的例子让我们领悟其深奥理论。

在南开读书时我还遇到很多像车先生这样的大学者，比如历史系的王连生先生，因为同是山东老乡，我成为他们家的常客，他们都给了我很多关爱和教诲。他们治学的严谨与勤奋，对名利的淡薄，都给我留下了深刻的印象，以致影响我后来许多次的选择和对名利的态度。

其实当时毕业时，我是可以留在南开的，但最后我还是选择了回到原单位。从此，我"跌宕起伏"的人生便开始了。

1992 年读研一第二学期时，车先生去美国访学。我的女儿是在研二第一学期的 10 月，车先生去美国访学期间出生的。当时也是自己太要强了，考虑到毕业后重新面临工作和生产双重难题，既然他（她）与我不期而遇，当时就做了痛苦的决定，把孩子保留了下来。生产时请的是病假。那时还不像现在这样婚姻生育自由，当时只有我宿舍师姐长虹一人知道此事，我的压力可想而知。生下女儿寒假后我就回到学校读书，不到四个月大的女儿由我爱人和婆婆抚养长大。这件事情我从未和车先生、师母和其他同学提起过。

我毕业时车先生早已回国，并指导我做毕业论文，那时车先生任教务长。我们当时是南开思政专业第一届研究生，学校需要专业课老师，以我的学业成绩和车先生的名望，是可以留在南开的。但考虑到自己家庭及与原单位签订的八年定向协议，最后还是决定回到聊城师范学院工作。那时，国家进一步深化改革正在如火如荼地展开，有些山东老乡同学都去了深圳发展，也是因为家庭原因，我选择了放弃。

人生就是多次的选择。选择对了，比努力百倍都强，这话没错，但人生选择必受条件的限制，当你进入家庭特别是有了孩子以后，你的选择就不仅仅是你一个人的事情了，尤其是作为女性。对于当初的选择，我从未后悔过。

人生其实是靠责任支撑下来，靠爱延续下去的，无论是工作还是婚姻。

读研时选择"尼采创业意志研究"作为自己的毕业论文题目，那时翻遍图书馆所有尼采的著作，开始迷恋周国平。车先生对我的选题给予肯定，并放手让我独立写作，只是有不明问题，我才讨教先生。我记得那时我还读了一些叔本华的著作，曾经想毕业后把叔本华与尼采的比较研究作为我治学的研究方向，但很可惜也很遗憾，毕业回到原单位后，在教学和行政两项选择上，我服从学校安排到学校团委做了行政工作。

2001 年 8 月，出于对职业教育的认同和对我现在单位老书记三年等待的知遇之恩，我选择放弃给本科生教学的机会，以人才引进的方式到现在单位担任学工部长一职，一直做到学校副校级领导岗位。二十年来，虽然一直在行政岗上，但我从未忘记南开三年，车先生等老师对我的教育和影响：做一个正直、担当、不为名利所惑的人。我把别人用来喝酒交际的时间都用来读书，所以当时成了学校最年轻的教授。

时间总是过得很快，在烦琐的工作和无休止的会议中，时间到了 2017 年，我主动提出转岗做教学科研，这一年我 51 岁。这一年，我要重新开始，要用实力证明自己，除了做行政，做科研教学我也可以。我想，这应该不是心血来潮。现在翻看 2015 年写给车先生初心不改的纪念文章，也许那时就埋下了伏笔，那次的师道座谈会是给了我刺激或是思考的。

人生太短，我要重新回到原点。尽管我已不再年轻，尽管要重新打地基，但我不怕，还有七八年的时间，我足可以用勤奋弥补我的不足。所以三年来，我重新确定了研究方向，聚焦职业道德教育实证研究，完成了包括建议报告、学术论文、调研报告在内近五十万字的写作；申报省规划和教育部课题两项；学校教学项目重点培育一项等工作。

这份自信和勇气，除我自身的性格外，我想这无不与车先生和南开三年研究生生活有关。

感谢师恩，感恩南开！

人们常说，一个家风水的好坏基本取决于女主人，我想这句老话是颇有道理的。车先生家之所以成为车门弟子的乐园，除了车先生的好主意外，能够将"车门西式冷餐客厅会谈学术沙龙"一直保持下来，多亏了"善良、勤劳、豁达、好客"的师母。别看师母上学不多，但见识不浅。师母永远是大嗓门，和谁都是自然亲，和谁都可以"高谈阔论"，用她独到的朴实无华的智慧给人指点迷津。车先生是哲学人生大智慧，师母也是人生大赢家。车门弟子之所以能够高朋满座，高度凝聚团结在一起，除了车先生的治学影响外，无不与师母的善良、豁达和好客有关。

师母的豁达、勤劳还表现在她的高寿上。师母已近九十岁高龄，但勤劳节俭一辈子的她，始终不愿雇保姆，现在家中大小事基本上都是她在料理。

过去在学校行政岗位任职时，我们虽是高校，但上班时间几乎与政府机关同步，是没有寒暑假的。专职做教学科研这三年，看望先生和打电话的频率多了起来。先生是从不愿麻烦别人的人，去年9月去看望他们时，他腰伤刚好，但还是不很挺妥，那时正值南开校庆，知道学校肯定邀请他参加，怕学校知道他身体不好前来看望，所以，车先生特意把家里座机电话线拔掉了。

我曾经提议车先生写写回忆录，我负责打印，同时也可以锻炼脑部记忆力，先生总是谦逊地说："有嘛可写的，没有什么可留给你们的"。

疫情暴发后，车颂兄不能从美国回来，车先生和师母购物不方便，我很是挂念他们的生活和身体。每次打电话，总是传来先生洪亮的声音："都很好的，你们不要挂念，有亲戚帮忙送菜，还有海燕他们经常帮忙。"每到电话结束时，车先生总是叮嘱我要"多注意休息，多锻炼身体，增加营养"。

只有一次，大概是今年6月我给先生打电话，先生说："小罗，我现在感觉有点老了，好忘事。你们要经常给我打电话啊，这样我忘事就能慢一点。"当时，挂了电话，我泪如雨下。

人老了，容易怀旧，先生如此，五十好几的我们又何尝不是呢？

只盼寒假疫情稳定后，能去天津一趟，小住几天，给他们做顿饭，陪他们唠唠嗑。

我也是山东德州人，和车先生、师母是老乡。但那份浓浓的情感和永远的牵挂，是源于先生和师母的睿智、豁达、善良、敦厚以及对我们无所保留的无私的爱，是源于对先生品格的无比崇敬。

祝福先生和师母健康快乐。

2020 年 12 月 6 日于济南

王　倩*

# 车先生让我成为我自己

　　故乡天津已是北国飘雪的冬季了，我在临近赤道的小岛上，迎来了又一个温暖和绿意盎然的圣诞，我要把这份温馨与快乐当作小小的礼物送给我敬爱的车先生和师母：愿幸福与你们永远相拥相聚，祝福你们！

　　1991年的秋天，天是湛蓝的，纯净的阳光洒在南开校园里。走进东门，北村是车先生的家。新生第一次见导师的心情是忐忑的，修读西方哲学对于我这个经济管理专业的毕业生来说是个全新的挑战，自己没有把握能胜任，心里正打鼓呢。但所有不安在我迈进车先生家门的那一瞬间都消失得无影无踪了，就像一进门看到的那一只只像被家人呵护的可爱的猫咪们一样，心里只留下了温馨的感觉。先生住一楼，客厅不算大，一进门就闻到满屋书香和师母刚刚掀开锅的又大又圆的豆包香，甜

　　* 王倩（藝澄），1991—1994年师从车铭洲教授。1997年留学于新加坡国立大学商学院，后定居至今。现为新加坡培训机构高级主管和公司董事。

甜的，暖暖的。

紧张的学习生活之余，最喜欢听师母讲她和车先生年轻时的趣事。车先生工作繁忙，全家人里里外外的生活都由师母一个人一双手操劳照顾着。师母是个贴心、勤劳、善良的人，很为车先生和自己的家人感到自豪。当然师母也常夸我，那时候师母最常提到的就是我的手巧，饺子包得又快又漂亮，还会做各种各样的精美手工。那时车先生刚从美国访学回国，常招呼我们大家与来访的外教一起包饺子，吃小点心。记得那时车先生的小孙女家妮还小，特别可爱，我就给她织了一个粉色的毛线帽，再钩上浅藕荷色花边，帽带还打了两个奶白色的毛毛球。小家妮戴上后，师母一直说好看，我也很开心。

跟随车先生求学的三年时光是我一生难忘的，那是在先生的指引下努力上进并发现自我价值的人生阶段。读研期间，先生有一年在美国做高级访问学者，但仍然在百忙中给我写信，鼓励我多读原著和文献，刻苦钻研。先生回国后也让我有机会与国际学生交流，带美籍交换博士生 Jennifer 到江苏考察改革开放后蓬勃发展的乡镇企业。先生的言传身教也让我更加懂得了努力的价值。三年的紧张学习生活很快结束了，我也没有辜负先生的教诲，连年获得光华奖学金，顺利毕业了。三年的修读中，车先生带领并指引我们每个学生从最初对哲学的懵懵懂懂渐渐成长，并最终得以窥见那光辉的哲学殿堂。就像尹师姐和罗师姐所说的，车先生给我们的最大影响就是以哲学的思想来追求世界与人生的终极目标，我们都无悔于当初的选择，哲学已然入骨。

我毕业后，车先生仍然一直鼓励我去发现并追求新的事物，为新的目标付出努力，坚持不懈。后来我决定去新加坡留学，又在新加坡定居，车先生都特别支持我的选择。车先生说：只有尝试了才有可能成功，你才可以成为自己想成为的自己。车先生的鼓励和肯定让我勇敢地面对环境变化，永不放弃，积极进取，让我可以没有框架框没有设限地追随内心的激情，成为自己想要成为的那个人。车先生是我生命的导师。我也还依然清晰记得当年出国临行前去辞别先生和师母时，师母用她那温暖的手拉住我深情地叮嘱，那情景让我至今回想起时仍心怀感激，是我今生永续的幸福能量。

记得回国探亲时，孩子最喜欢去看望大学问家车爷爷和比姥姥还亲的车奶奶。到了先生家，孩子给车奶奶画画，还问车爷爷为什么从英国来的钢琴主考官竟然是主修长笛的，逗得先生开心大笑。孩子每次都有好多的趣事和问题要告诉车爷爷和车奶奶，先生和师母都耐心地认真听，并不时地开心大笑起来，那温馨的场面至今难忘。车先生很爱孩子，先生和师母当年送给孩子保护眼睛的 LED 台灯和精美的记事本陪伴了孩子整整小学六年。孩子十多岁时就跟车先生讨论美国大选、新加坡及东南亚的发展，车先生跟我说，这是个有想法有抱负的孩子，以后让他学习政治与国际关系，当领袖。当时觉得那只不过是大人们一时的茶余闲话，没想到今年孩子真的就拿到这个专业的大学录取通知书，应了车先生当年的慧眼预言。

2019 年秋，我回国探亲时来看望先生，师母跟我聊起我的很多位师兄弟姐妹和他们在学生时代的往事，跟我讲他们现在国内外的工作和生活情况，每个都记得清清楚楚，点点滴滴都如数家珍，还常常夸李连江师兄和好多师兄姐妹们都特别优秀，有才干，做出了大事业，说的时候那幸福和自豪感就像是在夸自己的孩子一样。师母常常拿出存了很久的一本本相册，给我讲师兄弟姐妹们，看他们孩子的满月照，我家孩子的百岁照也在里面。看着师母珍藏的这些照片，感觉就像无论我们在世界的任何一个角落，都能幸福地聚在师母的家里，在师母暖暖的心里，这是作为先生的学生们何等的幸福。我们这些弟子是先生和师母心中永远的孩子，与先生的师生情缘是我们这些人一生一世的财富。

跟随车先生求学的时光还历历在目。我常常想起三十年前车先生刚从美国结束访问回到南开，有一次和同学们一起聊天，车先生说："王倩呀，你应该开一间小小的咖啡+冰激凌+礼品店，做你有兴趣的事情，生意真的会好呀。"先生的这句话成了我从那时开始的一个美丽梦想，它一直在我的心中。期待在不远的将来，在春暖花开的小街上有一间小小的这样的店，请先生和师母来坐坐，我亲手打一杯美式咖啡+奶，端上有家乡味道的红豆+枣泥冰激凌，还有刚刚从烤箱烘焙出的蔓越莓和抹茶口味的小点心，当然不会忘了放在编织篮里绑有蝴蝶结的小小的礼物，我把它们送给我敬爱的车先生和师母，还有我亲爱的师兄弟姐妹们。

车先生、师母，我爱你们！

王立文 [*]

# 南开那面大钟，你撞上了吗？

"我教书，是做一天和尚，撞一天钟。学生是和尚，我是钟。你撞重点，我就响重点；你敲轻点，我就响小点。你不撞，我就不响。"

上午，在南开办公楼里，或远或近的"和尚"八面赶来，再一次聆听这面"钟"的响声。我们的先生，依旧是这般模样，依旧是这般谦和，依旧是把深邃藏在或淡或浅的隐喻中，依旧是让我们笑过慢慢悟出很多道理。

真的是高手，不用出重拳，力道已经穿透。

坐在座位上，听先生讲再版书的由来，讲学术方向的偶然性，讲教学相长的师生情。很多联想，很多记忆深处的印痕，很多碎片拼接的画面，一点点地浮现，心

---

  \* 王立文，1992年9月—1995年7月就读南开大学政治学系西方哲学专业，师从车铭洲先生，研究方向为当代美国哲学。毕业后进入天津日报社工作，历任工业部记者、出版部编辑、要闻部主任、言论工作室负责人、编委、副总编辑，2017年4月起任天津日报总编辑，现兼任今晚报编辑部总编辑。

头被浓厚的师恩再一次覆盖。那一刻，我们都是出走很久终于回家的孩子。

听师兄师姐们讲当年的求学经历，当年满满的艰辛，如今是满满的幸福。荆惠民师兄说，有了南开的三年，以后读所有的书，都像是科普读物。何尝不是如此？记得当年读萨特，七百多页的《存在与虚无》，读不懂就抄，抄了厚厚的几本，用笔记本上的白纸黑字，证明自己的努力是存在的，尽管思想仍然是虚无的；读维特根斯坦，说，不可说的，边读边冒火：你都不可说了，还说啥？

那是一种极致的思维训练。因为英文不灵光，读一些翻译过来的著作，从字里行间揣测西方哲学家们的微言大义，有句成语叫披沙拣金，这"沙"真的浩瀚如海，或许金子还没有拣到，我们已经把很多石头当成金子。先生上课的特点，是提前开书目，让学生先讲。结果，同一本书、同一部分内容、同一个文本，居然理解得千差万别，有时甚至正好相反，先生没发话，我们先打起来了。好在，先生并不责怪，仿佛都在预料之中，把我们所讲的内容，一条一条地聚拢，最终把整个脉络梳理清楚。这个时候，我们才领悟到什么是学问打通了的功力。

哲学难读。但是，真的翻越过这三年，就像攀登人生际遇的最高山峰，余下的，一马平川。

上午，车先生讲到了偶然性。这是师恩、师缘的重要部分。

今天的座谈会，高朋满座，师兄师弟、师姐师妹，先生称之群星璀璨。从天南海北考进南开，毕业后又散布天南海北，我们的人生轨迹能有交集，就是因为有先生，因为有南开这面大钟的强大感召，把我们的种种人生偶然变成一种命运、一种幸运。

我大学读的是工科，一个普通工科院校，毕业后去了一家工厂，宿舍里连张书桌都没有。我在当地图书馆找到研究生招生计划册，看到南开大学西方哲学专业，还有具体到美国哲学的研究方向，晚上便坐在床上给先生写了一封信。令我惊喜的是，车先生很快就回信了，在热情鼓励我的同时，特别叮嘱我要考好英语和政治，因为这是公共课，要过及格线。当时，我完全不知道车先生的名望，到南开面试的时候，在校的同学告诉我：车先生很"火"。当时，"火"字还没有在南方流行。我问什么是"火"，他们解释了半天，我才知道，敢情自己拜的，是一位名师！

如果说人生像一场拼图游戏，我的三年哲学，就像是硬塞进来的一块，跟我前面的学习经历、工作经历几乎无关，跟我后面的媒体职业也似乎有些距离。但是，这一块拼图，这三年的哲学，无疑是我人生的一个重要转折。前几天，我原来的同事从外地来津，这家工厂早已破产倒闭，人员流散。我的那位同事从安徽安庆漂到浙江嘉兴，在苦苦经营一家加工厂。我无法想象，如果车先生没有录取我，我自己会流落到哪个城市，今天在做什么。

这些年来，我一直坚信自己是幸运的。经常听起先生和师母讲起师兄师姐们的励志故事，每一位都是专业上的牛人，我从心底认为，车先生不仅是我学业上的恩师，更是人生中的贵人。就像有一列火车，师兄师姐们是紧赶慢赶赶上的，我呢，因为自身起点低，是在火车窗口被先生硬拽进来的，而这完全改写了我的个人命运。今天，第一次与这些牛人们坐在一起，我才发现，先生对所有的寒门学子，都是一样倾心尽力提携。因为，在先生心目中，学问是最大的事情；对做学问的态度，是最大的事情。

那是一面大钟，你有多大的力量，他就发出多大的回音。

我们有幸撞响那面钟，不管是误打误撞，还是机缘早定。

车先生身上有很多符号：上午吴志成师兄说到的"哲学猫"。杨龙师兄说到的，三十年前，先生身材清瘦、头发稀疏；三十年后，先生依然清瘦身材，稀疏头发。朱光磊副校长说到的，不开车不骑车、几十年一套衣服的"南开风景"。而我体会更深的是，先生是一个恒定的影像，不管岁月如何侵蚀，社会如何变迁，始终有恒定的理念、恒定的态度、恒定的价值取向和人生志趣，对待学生、对待学问、对待社会、对待生活，莫不如此。这种恒定，不是僵硬和世故，而是一种坚守。在当下社会，物质化日益浓厚，精神信仰日渐稀薄，这种恒定品格尤其稀缺，这是先生的可爱所在，也是人格强大所在。

连江师兄用了叔本华的一句话。我回来查一查，没有查到。所有曾经轰轰烈烈发生的，不管走了多远，我们依然能够找到源头，依然有回归的驱动，就像曾经发生过的师恩。

一个人开车离校的时候，正好经过南开的那面大钟。大钟默然，一如往日，我心头涌动如雷的钟声。

补记：上文写于 2015 年 9 月 20 日。当天，"师道与哲学"暨《西欧中世纪哲学与现代西方五大哲学思潮》出版座谈会召开。因为值班，我提前回报社，当晚赶写该文，并发到车先生弟子的公共邮箱里。其中，引用到李连江师兄的话，也是他转自叔本华的句子。由于在会场没有听清，我理解的与原意完全不一样了。连江师兄治学严谨，当即转发他所翻译的叔本华著作的原文："【大事贵人静悄悄】年轻时，我们认为，如果某人某事对我们一生有重大影响，事情一定会轰轰烈烈地发生，人物必在鼓乐齐鸣中登场；年老了，回顾以往，才知道一切都悄悄然，蹑手蹑脚从后门溜进来，几乎察觉不到。"在此感谢连江师兄，因文章写过了，便保留原文，原谅不再动手改了。

# 王永红 *
## 纪念车老师执教五十周年

俗话说，"一日为师，终身为父。"用这句话来比喻车铭洲老师和我的关系是非常贴切的。这种师生关系虽然不同于血缘意义上的父子关系，但是车老师在我人生成长中所扮演的角色就如同父亲一样重要。他给予我的关爱和引导，没有因为他的退休和我的赴美留学而终止，相反，却随着时间的流逝和空间的相隔变得更加真切起来。

1994 年初秋的一天，我在一名老师的推荐下叩开了

---

* 王永红，1991 年毕业于河北大学哲学系，1995 年考入南开大学研究生院，师从车铭洲教授，主攻西方哲学当代美国哲学方向。在南开读研的第二年，考入南京大学–约翰斯·霍普金斯大学中美文化研究中心证书班学习一年。2000 年获杜克大学奖学金赴美留学，2002 年获得公共政策硕士学位。此后，一直在美从事有关美国公共政策和高等教育方面的研究、政策倡导及教学工作，先后获得福特基金会学者、南开大学周恩来政府管理学院 MPA 实践导师、新泽西州长学者等殊荣。2013 年起，给新泽西州立大学本科生、硕士生开设公共政策原理、社会福利政策、女性与公共政策、研究方法等课程，同时完成有关美国高等教育预算政策改革的博士论文。主要学术代表作品有《美国贫困问题与扶贫机制》（上海人民出版社 2011 年版），被中国美国史研究会收录于"改革开放四十年中国学者的美国史研究著作一览"。

位于南开大学北村的车铭洲老师的家门。开门的正是车老师本人。他把我请进自己的小书房后，我便做了自我介绍。望着眼前这位质朴而温和的长者，环顾他那朴素的家，我来访之前心理上的忐忑不安顿然皆无。车老师仔细地询问过我的工作和学习情况后，对我准备报考由他指导的西方哲学当代美国哲学方向研究生的意愿表示欢迎。他鼓励我说，我曾就读的河北大学哲学系一直力量很强。他从北京大学毕业来到天津后最早就是给河大哲学系的一名教授做助教。他还鼓励我要努力掌握好英语和计算机这两门工具。由于车老师当年只在全国招收一名当代美国哲学方向的研究生，来拜访他之前，我总觉得这是一个遥不可及的梦。离开车老师的家时，我的心情轻松起来，觉得虽然目标遥远，但是它是切实可行的。我当时一边工作，一边积极应考，终于以总分数超出第二名50多分的绝对优势于1995年成了车老师的门徒。

来到南开后，有很长一段时间我心思不定，对于放弃自己喜爱的外宣工作而重返校园，我怀疑自己是否做了正确的选择。特别是当学习变得枯燥而艰苦时，这种想法就尤为强烈。一次晚自习后，我心事重重地来到车老师家，当着车老师和师母的面讲了几句不着边际的悲观话。他们马上看出了我的心思，列举了许多师兄师姐如何奋斗成功的实例来激励我，还就我的顾虑进行了耐心的疏导。从那以后，我心中的包袱慢慢放下了，学习上也变得主动多了。车老师不仅自己治学严谨，而且在培养自己的学生时也非常开明而富有远见。他能结合国内与国际发展的现状与趋势，来指导学生的未来发展方向。如今已经在数所中美大学里学习和工作过的我，仍然深深地感到像车老师这样的导师是可遇不可求的。

和所有车老师的学生相比，我可能是在南开读书时间最短的一个，但也是住在车老师家中时间最长的之一。由于我1996年考入南京大学—约翰斯·霍普金斯大学中美文化研究中心学习，攻读研究生学位的第二年便在南京度过，因此，我只在南开学习了两年。但是这段时间也是我求学生涯中开始腾飞的时刻。回想当年在南开读书，车老师的家既是自己蹭饭的地方，又是我精神上的充电之处。1998年夏季，我原本考入国务院外办下属的中国国际问题研究中心，却由于大幅度的机构改革而突然失业。已经从南开毕业的我，为了准备应对秋季的GRE考试成了在天津的"北漂"一族。我在几位天津好友的家中轮流打着"游击战"，眼看11月7日的考试日期逼近，我意识到考前这最后一个月自己必须要回到南开园。于是，一天傍晚，我背着一个大包来到了车老师的家。车老师和师母起初还以为我是来天津出差顺便探望他们，当我尴尬地说明来意后，他们并没有表现出失落，而是马上提出让我住到其子车颂出国前住过的小屋。考前一个月，我终于在天津有了一个稳定的落脚点。考后一个月，我在中美中心同学的哥哥帮我在美国通过电话查询了成绩，我也第一时间将成绩告知了车老师。电话中，我能感到车老师由衷地为我高兴。可以说，我开始留学美国的第一步是从车老师的家中迈出的。

赴美以后，每次打电话给车老师，他都不仅关心我的学业、工作和生活，而且还将我的专业研究领域公共政策和公共管理在国内发展的状况及时告诉我。我那本《美国贫困问题与扶贫机制》由上海人民出版社出版后，车老师仔细地进行了阅读，并告诉我他的看法。他提醒我如果有机会，应当将书中的一些好思路具体应用到中国社会中来，帮助政府和大学研究机构建立一些相关项目，以期做出更大的贡献。虽然已经相隔千万里，车老师仍然是我人生中重要的精神支柱之一。我父亲生病和去世的那几年，是我一生中最悲伤的时刻。车老师不仅在电话中竭力开导我，还让他在美国的儿子车颂打来电话安慰我，希望我能从哲学的角度看待生离死别，以减轻我的痛苦。是啊，人生能拥有像朋友般的父亲以及像父亲般的导师，我是何等幸福！

今年是车老师执教五十周年。半个世纪里，车老师的桃李满天下，我也幸运地成为其中的一个。在这里写下这篇短文，以表达我对车老师及师母最深的谢意！顺祝二老健康长寿！

2012 年 9 月

# 王光荣[*]
## 幸遇真正的导师

在哲学系上本科时，常听老师们提到车老师在外国哲学方面的造诣，心向往之。看到招生目录里有车老师招生的现代西方哲学方向，想报考又担心难考，犹豫不决，跟邹师兄说了这个想法，他便带我去见了车老师。车老师说可以考，于是我鼓起勇气报考。入学后，逐渐知道当时车老师年过花甲，退休在即，不想招生了，但是研究生院公布的招生目录没有及时更新，所以我才有了报考机会。我的专业课试卷得分较高，后来车老师称赞我试卷答得有才气。我荣幸地成为车老师名副其实的关门弟子。从那时到现在一直跟着车老师学习，我认为车老师是真正的导师。

虽然考研笔试顺利，但是传闻车老师特别严厉，面

＊ 王光荣，1975年生，甘肃人，1993年考入南开大学哲学系，大学毕业后投考到车先生门下攻读外国哲学硕士，2000年毕业，进入天津社会科学院社会学研究所从事研究工作至今。2008年获得南开大学博士学位。2014年任研究员。科研成果曾获天津市社会科学优秀成果一等奖和二等奖、天津市优秀调研成果二等奖、第五届钱学森城市学优秀奖。被选入天津市委宣传部"五个一批"人才和131创新工程第一层次人才。

试还是很有压力。研究生入学面试环节，一般都是一番问答之后结束，学生回去等消息。但车老师没有一板一眼地面试，他把重点放在指导上。在一间空荡荡的小办公室，他坐在一张普通的小课桌前，和颜悦色地让我在对面的椅子上坐下，开始面试。轻描淡写地问了几个小问题后，就开始讲研究生期间如何学习，鼓励我不仅要学哲学和英语，还要学好高数，不要以为学文科的就学不了理科，只要下功夫，都学得了；不论学什么都不能满足于一般大众水平，学到高水平才有用。他说，英语通过六级，只代表考试水平，要下功夫练好听说读写，能读原著，能用英语跟外国学者直接交流，能同声翻译。车老师循循善诱地讲了一个多小时，告诉我面试结束，回去后立刻制定计划开始学习。当别的同学还没有确定能否录取，更不知道将来归哪个老师指导的时候，我已经进入了车老师指导下的学习阶段。虽然我至今也没有达到车老师的要求，但是指导式的面试让我记忆犹新，想起来犹有温暖的感觉。

开学后，车老师给我安排课程，让我跟他一起研读后现代主义原著。这门课只有我一个人上，就没安排教室，在他家的书房里上课。车老师坐在带扶手的竹椅上，我坐在对面沙发上，我先汇报，然后他讲。原著深奥晦涩，读不太懂，我虽然做了些笔记，但是由于许多地方没读明白，汇报不出个所以然，简短汇报后，提出许多疑惑和问题。车老师要过我的笔记看了看，开始讲。他也做了笔记，讲起来内容异常丰富，引人入胜。当时觉得他能透过复杂概念和艰深论述，读出原著的思想要义和实质，又通过延伸和发挥，贯通不同理论，打通理论与现实之间的联系。在读存在主义原著时，车老师要求每位同学逐句讲解。本来以为读明白了一些，这样一讲，却发现大多数句子都有讲不清楚的地方。车老师的这次示范，旨在说明读原著要逐字逐句读懂，才有融会贯通的理解。后来上法兰克福学派原著课，车老师联系现实社会问题讲解，展现了那些哲学家如何对现实问题进行哲学思考。车老师强调，讲解只是辅助，学哲学主要靠读书，读下去，一遍遍读。他告诉我，《现代名家读书法》一书向他约稿，他在那本书里写的观点跟别人不一样，他讲的是读书没有方法，从读书中学读书。我粗浅地理解，读书不能等有了方法才读，也不是没有方法就不能读，读是掌握方法和运用方法的关键。车老师曾经淡淡地说，在校学习期间要认真读些书，将来可就没有这么多的读书时间了。现在深有体会，翻书的时间都不可多得。

第一学期末交作业，车老师要求必须输入电脑，打印出来。那时还是手写的年代，学电脑和用电脑都要去机房，而电脑的操作也远不如现在简单易学。打字是方兴未艾的职业。我在作业要求的督促下，练习电脑把作业打印了出来。这个简单的要求，包含着车老师对新生事物的敏感和未来趋势的判断。他曾经说，在一次会上，他提出学校各系都开设计算机公共课，文科要开设高等数学公共课，大家一片反对声。数学系的资深教授说，数学不需要计算机，研究数学只需一支铅笔和一沓草纸。而若干年后，电脑竟成了写作和科研的必备工具，没有谁不愿意用电脑工作。车老师通过提作业要求，催促我尽早迈过使用电脑的门槛。对于一种先进工具，早使用自然益处多多。

车老师有几篇新写的论文，交给我录入电脑，打印出来。他的稿子工整地写在八开方格稿纸上，文中有增减和修改。在打字过程中，我对比修改前后的文字，领悟其中的道理和好处。打印完稿子，车老师问：写得清楚吗？通顺吗？有没有点新东西？我的粗浅意见，他会认真地听。学报排出校样，他让我看有没有错别字或其他问题。车老师对论文要求严格，一丝不苟，精益求精。从他的手稿学习写论文，是难得的机会。他的论文语言准确流畅，说理透彻明晰，更为重要的是有独到的创见。他告诉我，上北大的时候，同学们抢着给黄楠森等老师誊写稿子，遇到稿子上的修改之处，反复琢磨，从中学怎样写好文章。写文章要从写中学习，写得多了自然就会写了。当助教的时候，他帮工农兵写各种应用文，开始也不知道怎么写，硬着头皮写下去，写着写着就会了，练出了写作的功夫。毕业前，车老师给我写求职推荐信。我在沙发上等着，他进书房一会儿就写好了。推荐信手写在南开大学信签纸上，一字未改。他让我看看行不行。他写的推荐信标题是"诚意推荐"，内容没有套话，语气中肯，别具一格。这封推荐信表明，原来貌似只能千篇一律的推荐信也可以不落俗套。我一直保存着。

车老师说，学生的成绩是自己奋斗出来的，他只是在不停地鼓励。跟我谈话中提到的每个学生，他都是以欣赏的语气，谈的尽是学生的优点和成绩。鼓励给人以力量，车老师的学生得到了最好的鼓励。在练习英语翻译的过程中，车老师给了我一篇文章，让我翻译成汉语。我拿译稿给他看，读了开头几句，他立刻高兴地说，文笔挺好，让我找个杂志发表。由于那是篇政论文章，时效性强，没有发表出来。此后，我又翻译了一篇哲学论文，车老师看后说可以发表，我投给《哲学译丛》，很快就发表出来了。没有车老师的鼓励，这个译作可能仅仅是个练习而已。在跟车老师谈话时，偶尔冒出点见解，他会立刻表示肯定。有时候会听师母说到车老师在背后对学生的赞扬。我至今没有什么学术成就，但是评上副研究员、研究员的时候，车老师的欣喜之情溢于言表，鼓励我专心做研究。学生各有天分，成就自然有大小，但是导师的鼓励难能可贵，它无形中催人奋进。

回想起来，跟车老师学习，课堂只是一小部分，课外的学习更多更生动。上研究生期间，经常晚上去车老师家，他先大致问我最近的学习情况，然后转入理论话题，从不同的角度和层次跟我谈后现代主义哲学。有时用浅显的例子讲解，有时从正在看的电视节目切入，生动灵活地引导我理解后现代主义的精神实质。每次从车老师北村一楼的小房子出来，都感到获益良多，也感到有许多内容需要继续思考。工作以后的四五年时间里，大约每个月我都要找个晚上去听车老师谈话，一谈就是近两个小时，有时候甚至谈到晚上十点多。跟车老师谈话，实际上是在听他讲学，谈的内容主要是思想和学术话题，有时是谈他正在读的书，有时谈他将要写的文章，有时谈他最近思考的问题，有时从评论一些现象说起，逐步上升到理论。每次谈话都有新主题、新内容，看似普通的问题，他总能谈出新角度、新见解，让人耳目一新，豁然开朗。由于我的工作是研究社会学，车老师总是有意把谈话的主要内容转向社会学方面的话题。他往往把具体的社会现象上升到抽象理论问题，进入有深度和高度的思考，对我的研究工作常有启发和指导。后来工作越来越忙，加上车老师年纪大了，考虑到他需要有规律地作息，去听他谈话的次数逐渐减少。但是每当遇到困惑的时候，我还是要去听听车老师怎么说。

无论在学习还是生活中，车老师待学生随和平等。他主编一部教育部统编教材，召开评审会，我负责会务。车老师起草了会议通知，在交给我打印前，他觉得"关于与会专家入住……"那句话中的"入住"二字不是很理想，问我换个什么词，当我说到"下榻于"的时候，车老师欣然接受。开会期间午休，车老师让我在卧室床上睡午觉，他在书房里睡。有一年暑假，车老师携师母去西安开会，我住在他家里，负责看门和喂猫。车老师在冰箱里准备了足够的食物，教我怎么用煤气灶，做米饭时水和米的搭配比例，并提醒我晚上睡前一定要检查一遍水电气。那些天，我在食堂吃饭。一周后，车老师回来，发现冰箱里的东西都在，便不顾坐车劳顿，用冰箱里的食材，做了一顿好吃的羊肉。上学期间和毕业后，有不少节日跟车老师一起过，他下厨做饭，让大家坐着等吃。吃饭时会谈轻松话题，我还记得车老师讲，现在吃饭不能看到一个好吃的菜就吃个饱，要各样都尝尝，才营养合理。

　　车老师是学者、智者、仁者，校内外都尊称他车先生。哲学系有位老师说，车先生那么大学问才是个教授，他副教授足矣。一位世界史教授听车老师在会上的发言后感叹说，车先生是教授，她也是教授，但学问不能比。车老师是传道授业解惑的导师，弹指一挥间，我毕业二十年了，虽然在各个方面都有所成长，但是还会遇到许多困惑要向车老师请教，还有许多问题想听车老师的讲解。二十三年前我有幸成为车老师的关门弟子，这些年来一直在车老师的指导下成长，将来必定还会从车老师那里得到更多教诲和智慧。

奚先来[*]

## 错过好老师是一辈子的遗憾

中午看到光荣兄的《幸遇真正的导师》一文，文章吸引了我，我认真读完，它再次勾起我对车铭洲先生有限的一些回忆。之前，看过朱光磊、杨龙、常健、王正毅等几位老师回忆车先生的文章，就萌生了也写点与车先生几次接触交往的回忆文字，但因为自己没有求学车门的经历，又人微言轻，写的文字会给人有蹭车先生热度的嫌疑，因而作罢。光荣兄与我本科同届，他的文章里一些回忆片断，我也有共鸣，因此，实在按捺不住澎湃的心情，写一点文字表达对车先生的仰慕和敬意之情。

车先生是我大学期间的系主任，至今我对车先生的

＊ 奚先来，1974 年 12 月生，安徽舒城人。1993 年考入南开大学政治学系政治学专业本科，1997 年毕业后留在学校党委宣传部从事党的理论教育和理论宣传工作。2000 年，在职攻读南开大学中共党史硕士专业，2003 年毕业。2004 年 6 月，调入南开大学周恩来政府管理学院工作，先后任学院党委秘书、党委副书记兼副院长，负责学生教育管理工作，2009年评为南开大学副教授。2017 年 11 月，调入南开大学滨海学院，任副院长。

印象也是我大学时他的模样，一个个子不高、瘦瘦的、头发稀少、戴一副眼镜、背着一个黑色类似电脑包、说话慢条斯理、智慧火花频现、行走在南开校园的小老头。我毕业留校工作多年后在校园里碰见他，他还是那个模样，岁月在车先生身上似乎是停滞的。因此，有老师写回忆车先生的文章，说他是智慧之树常青，对此，我深有同感。

上大学时，我不太爱参与学生活动，平时没课时总喜欢去主楼六楼的系资料室看杂志，经常碰见车先生来资料室借书还书，有时就喊一声"车先生好"，主动和他打个招呼，车先生总是微笑着点点头，也从不问我叫什么名字。大二下学期时，在考虑自己的职业理想和生涯规划时，想以后做一名大学老师，因此萌生了跟车先生读研究生的想法。当时对车先生了解很少，只是通过参加系里召开的迎新会、毕业生座谈会等场合，聆听过车先生的一些教诲。只知道他是系里仅有的三四位教授之一，而且是研究西方哲学的，当时只给研究生上课，不给我们这些本科生上课。因此，我也从没听过车先生的课，只是听当时读研究生的师兄师姐们说，车先生讲课非常精彩，听他的课是真正的享受。那时没有全国教学名师评选一事，如果有，车先生一定会荣膺这一称号。

上学时印象比较深的是，车先生一是让我们练习写字，对我们说，作为文科生一定要能写出一笔好字，过去考秀才举人进士等，主考官首先就是看考生的字写得好不好。二是让我们多练习口语表达，说我们是学政治学专业的，以后大多数人都会去做干部，开个会、讲个话，一定要能说会道有条理，这是基本素养。三是勉励我们一定要学好外语、高数和计算机，说这是 21 世纪赖以生活和工作的基本工具和技能。因此，政治学系也是当年全校文科类专业里将高数和计算机当作必修课的仅有的几个系。后来的学科发展，验证了车先生的睿智和远见。

车先生是一位对新事物保持浓厚兴趣的人，思想也新潮。比如，当年我们上大学时，他作为教务长，借鉴西方高校的一些办学思想和做法，在南开主推为期半个月的夏季学期。当时政治学系举办的夏季学期，邀请了美国康乃尔大学、马里兰大学等三名教授、副教授，来系里给师生们做了几次政治学前沿问题的专题讲座。讲座的具体内容我已经想不起来，只记得一个高大年轻帅气、一脸大黑胡子的男老外给我们讲博弈论，印象特别深的是，他还画出表格，讲解囚徒困境，当时听得稀里糊涂，但觉得很有意思，所以一直不忘。这也是我第一次听到博弈论的思想，在近三十年前的国内高校政治学界，引介博弈论思想，不能不佩服车先生的思想敏锐，目光长远。同时，也可以看出车先生对南开政治学办学的期待之高、要求之高，令人钦佩赞叹！南开政治学能有后来的蓬勃发展，与车先生最初的布局和要求是分不开的。

由于有考车先生研究生的想法，大二下学期的一天晚上七八点钟，拉着同班同学可卿兄一起，我们鼓足勇气敲开了车先生当时居住北村的家门。我们俩自报了姓名，说明了来意，车先生热情地把我们让进他家并不大的客厅沙发上坐下，与我们和蔼地聊起闲天来。他的老伴坐在里间，收拾着东西，对我们的聊天也不时地插上几句。

车先生比较健谈，先是跟我们聊了聊他在北大哲学系上学时的一些经历。本来，国家当年选拔一批青年学生预备留苏，学习国家经济建设和社会发展急需的理工科专业，回来直接投身于社会主义建设。车先生在被选拔的学生之列。但由于后来我们与苏联关系紧张破裂，这批学生没能去苏联留学，于是安排在国内上大学。车先生 1957 年进入北大哲学系，1962 年本科毕业。他的毕业论文是在北大副校长郑昕教授指导下写的有关康德哲学思想，写了四万字，在全校毕业生大会上受到表扬。后来，他写了一篇关于欧洲中世纪神学哲学家波依提乌斯的研究长文，由商务印书馆 1981 年 7 月出版的《外国哲学》杂志第 1 期刊载。当时刚开始改革开放，中国思想界还比较僵化闭塞，对于宗教仍是持批判态度，国内研究宗教哲学的人更少。车先生的这篇文章在当时的国内哲学界和思想界引起了较大影响。

毕业后，车先生被分配到南开大学哲学系，与冒从虎先生一起教授西方哲学，先后担任助教、讲师、副教授、教授。当时南开哲学系正在筹划申报西方哲学博士点，后来因为冒先生因病去世，车先生调离哲学系，教授名额不够，便未能设置西方哲学博士点，这成为南开哲学的最大憾事。1986年，车先生被学校调到刚恢复办学两年的政治学系，担任系主任，并在系里开设西方哲学课程。后来，车先生还担任过南开大学教务长和法政学院首任院长。

车先生和我们边聊他的这些学习和工作经历，边给我们拿出他早年编写的一些学术书籍，向我们讲述他的一些研究心得体会。说实话，他当时跟我们讲的这些认识，我们根本理解不了，只是对他的学问充满了崇敬之情。记得他早年写的《西欧中世纪哲学概论》《现代西方五大哲学思潮》《现代西方哲学源流》《现代西方的时代精神》《现代西方语言哲学》《现代西方哲学概论》《现代哲学思潮与青年思想教育》等学术图书，现在看来更多的是介绍性的成果，不过这在当年的中国哲学界，应该是填补空白的，对推动中国哲学界对西方哲学思想的传播和研究，做出了奠基性的贡献。由此，1988年车先生被英国（剑桥）国际传记中心列入《世界名人录》系列传记之一《大洋洲和远东地区名人录》。对于车先生的这些成就和荣誉，当时我们更是高山仰止。即便是在上个世纪八九十年代的南开乃至全国高校，车先生的学问和睿智也是广受敬佩和仰慕的。

闲聊中，我问车先生，如果报考他的研究生应该做哪些准备。车先生对我说，好好学外语，看点书，别的不用特殊准备，专业课出国学去，西方哲学，当然要去西方国家学，语言关最重要。说完，我们都乐了。不过，车先生当年的研究生基本都出国留学了，仅我认识的就有张光老师、王正毅老师、苏福兵老师、苏毅老师，还有我曾经工作的学院同事常健老师，以及久闻大名、未曾谋面的李连江老师等，他们都有出国读博士或交流访学的经历。那天晚上，在车先生家聊了近两个小时，我们从他家出门回宿舍时，车先生一定坚持把我们送到门外，临走时还嘱咐我们一定要学好外语，有空再来。之后，我和可卿兄又去过车先生家两次，每次都依依不舍地离开他家。

在随后的日子里，我便认真学习外语，另外看了冒先生编著的那两大本《欧洲哲学通史》，还有罗素的《西方哲学史》，以及一些介绍现代西方哲学的图书和文章。当时，除了系资料室之外，我最爱去的地方就是老图书馆二楼期刊阅览室和三楼文科图书阅览室。《中国社会科学》、《哲学研究》、《政治学研究》、《社会学研究》、《历史研究》、人大报刊复印资料，还有《新华文摘》、《读书》等杂志，我几乎每期都看，而且工作后这么多年一直养成了订阅《新华文摘》和《读书》的习惯。我的毕业论文是在大三学年论文的基础上继续写的，题目是"政治科学及其可能性探讨——兼评行为主义政治学"，之所以选这个题目，正是自己受与车先生聊天时的启发。他说，做学问一定要做真学问，研究真问题，不要做应景性的东西。这篇文章，毕业后被老师推荐到一家期刊正式发表。十几年后，研究这类问题的学者，还有人参考引用我的这篇文章，这让我感到些许的欣慰。

大三暑假回到家才得知父亲病逝。我万念俱灰，而且，由于上学时我办理了国家助学贷款，每年的最高贷款额度是 500 元，政府补息，毕业之前归还本金就可以了，不然就要归还利息。农民意识的我对于银行利息，压力很大。当时上学时的学费是每年 600 元，还有住宿费和生活费，贷款根本不够，只能主要靠姐姐在外打工挣来的工资支持，以及哥哥微薄的工资给我的有限帮助。因为碍于情面，我从未向系里申请过困难补助，也不想做勤工助学耽误学习。由于姐姐哥哥他们当时也都有自己生活的困难，我觉得不能再依靠他们对我的帮助，加上又身负贷款，于是我决定放弃报考研究生，毕业先找份工作养活自己。毕业前，正好赶上学校党委宣传部需要留人，在朱光磊老师的推荐下，我留在了宣传部从事党务工作。这样，我就错过了成为车先生学生的可能，更是错过了车先生这样的一位智者老师，这成了我一生的遗憾。

记得毕业典礼上，车先生作为教务长向每个系的毕业生念毕业寄语。印象特别深的是，当念到外文系毕业生寄语时，车先生说：中国人，学外文，学好了外文还是中国人。短短的一句话，传神地表达了对外语专业毕业生的期望，引起主楼小礼堂典礼现场师生们的哄堂大笑和雷鸣般的掌声。

当年，我之所以选择留校工作，主要是认为在学校工作，以后上个研究生更容易一些，甚至可以读个博士，做一名专业教师，干自己喜欢的事情。可是，由于种种原因，我最初的留校愿望只能幻灭。天不遂愿，时也，命也，运也。

在学校工作的日子里，我偶尔会碰见车先生，和他打个招呼，只是不好意思提起上学时去他家表达考他研究生的事。估计车先生也想不起来我去他家的事了。再后来，我从校机关调到之前上学的学院工作，每年年底陪同院长或书记去车先生家慰问，同车先生及他的老伴聊聊家常。车先生还是那么思维敏捷，话语睿智，和他聊天充满着启发和乐趣。

再后来，车先生参与筹备了南开大学泰达学院，计划采用新的办学模式，打造国际一流的应用型科技研发学院。他还参与创建了我现在服务的南开大学滨海学院，并担任法政系首任系主任，为学院和系里的发展做出了开拓性贡献。

听光荣兄说车先生今年 85 周岁，我虽未能成为车先生的入室弟子，但我对学问和真理的兴趣与热情是车先生早年点燃的，我一直视车先生为自己的精神导师。

祝车先生健康长寿，智慧之树常青！

2020 年 12 月 23 日

# 编后记

前不久，车老师跟杨龙师兄说：师生是一种友谊关系，师生相互影响。老师平等对待每个学生，给予学生鼓励，学生与老师什么都可以说。并不是老师给学生讲大道理，学生才努力，才成功。大道理和知识，学生都懂。好老师真心待学生，给学生积极努力的氛围。学生超过老师，就是老师的幸福。学生成功了，老师不会嫉妒，因为学生的成功就是老师的成功。

每个老师都会像车老师这样说，但并非每个老师都能像车老师这样做。车老师的师道不是他深思熟虑的结论，而是他毕生实践的总结。

每个学生都遇到很多老师，但每个学生只能记住少数老师说的一两句话。能记住老师一两句话的是好学生，说的话能让学生记一辈子的是好老师。

车老师是良师，也是哲人。

哲学的本意是爱智慧。智慧是明辨是非轻重，更是坚持不同凡俗的判断标准。"不是陷进唯心主义的泥坑，就是陷进形而上学的泥坑"，提醒的不仅是学生。一句轻描淡写的"那不重要"，化解束缚学生的思想桎梏于无形。

智慧是基于客观现实的达观，更是基于未来潜能的乐观。"学到高水平才有用"，既是冷静的判断，又是殷切的期望。

智慧是阳光的洞察，更是海洋的包容。"民主就是麻烦"，然而麻烦也正是照顾。

智慧是灵活机动，知所进退，更是独立自主。"要适可而止"，给学生发热的头脑轻轻抹上一点万金油。

智慧是高瞻远瞩，更是细致入微。"学打字"，"学用计算机"，三十五年前，这是超前的忠告。

师道的真谛是爱学生。爱学生是关照学生的身心健康与全面发展，像关照子女一样，学生远行，"亲自下厨"，"年龄大了生活上的压力会更大！"

爱学生是对学生负责，望子成龙望女成凤，激励学生建立巩固优势，指点学生巧妙化弱项为强项。"做你有兴趣的事情"，做最好的自己。

爱学生是尊重学生的意愿，哪怕学生做出的是"最不正确的选择"。

爱学生是体察学生的处境与迷惘，像忘年交提醒晚辈朋友："艰苦努力是对的，但是要留有余地，每天有规律地增加点锻炼身体的时间"，"功成名就了，要细水长流"。

车老师继承发扬了孔夫子开创的中华师道。20世纪40年代初，中华师道在西南联大达到光辉的顶峰。车老师在北大的老师，有西南联大的教授，也有西南联大的学生。

郑昕先生是西南联大的教授，他指导车老师研究康德哲学，传了"读读读"的真经。车老师读康德的《纯粹理性批判》，读不懂，去郑先生家请教。郑教授让着急的学生坐下，一起看电视，直到电视台打出"再见"的字幕，才跟学生说：回去慢慢读，细读。一次登门求教，是如此；二次登门求教，还是如此；直到学生终于在茂密的原始森林中独辟蹊径，发现天书自有道理，郑先生才不再招待学生看电视，开始讲解康德哲学的历史背景，帮学生读懂天书的深层意义，写出四万字的毕业论文。

冯友兰先生明知车老师主攻康德哲学，还是选他当中国哲学史的课代表。课堂上，有学生拿刚到手的标签质疑冯先生。冯先生并不反驳，带学生到图书馆，讲史料学，展示实物，解释什么是伪书，剖析如何辨别古书的真伪。冯先生不动声色地提醒学生，研究以往的哲学家，不能望文生义，不能贴标签，否则就变成了不知天高地厚的教条主义者。

王太庆先生是西南联大的学生，导师是南开大学的冯文潜先生。冯先生述而不作，王先生译而不作。王先生不是完全不作，而是不写空洞的论文，把语言天才和哲学悟性发挥到极致，为外语天赋不足但有志研究欧洲哲学的人提供"信、达、雅"的媒介。到了80年代，就学术成就而言，王先生是"教授的教授"，然而职称仍是"副教授"。车老师乐呵呵地谢绝为正教授预备的"小车"，陪王先生坐"大车"。

车老师是独一无二的，他激励很多学生活出了最好的自我。车老师也是普普通通的，他是一代良师的一员，每个积极向上的人都能发现自己成长过程中的"车老师"。

毋庸讳言，80年代读大学的人都清楚，车老师这一代良师正在一步步远离我们，继承他们岗位的，并非人人笃信力行中华师道。

最近三十年，我国经济崛起了，教育发达了，但也付出了不小的代价。大学教授不再住在校园，居住条件变好了，但与学生的距离也拉远了。在大学校园内，教师的工作条件改善了，但各种抑制创造力的压力也增加了。市场化的绩效管理，让比钻石更金贵的师德蒙上了一层灰尘，让本应胜似父母子弟关系的师生关系越来越异化为交易。

编辑此书，是敦请老同学暂且摆脱永远理不清的生活乱麻，暂且放下永远忙不完的事业，给自己几天时间，安静坐下，回顾自己的青春岁月，看看自己当年苗壮成长的"电视"，体会车老师的恩德，延续车老师的教泽。

编辑此书，是促请心意相通的朋友想起自己的"车老师"，把所感所想写下来，印出来，让老师知道你一直由衷感谢他们，一直努力效法他们。

编辑此书，是促请正在从事教育事业的朋友，提醒有志于从事教育事业的朋友，向自己的"车老师"学习，复兴发扬孔夫子开创的中华师道。中华师道，以为国育才为灵魂，以正面鼓励为主体，以智慧点拨为精髓。

车老师的学生很多。他在南开大学任教多年，数不清有多少学生听过他的课和讲座，也数不清有多少毕业生在领取证书时聆听过车老师富有感染力的鼓励。车老师的著作有多少读者，更无法计数。听过车老师的话，读过车老师的书，感受到车老师对学生特有的情谊，因为对车老师心存感激而善待他人的，都是车老师的学生。

车老师无门无派。有缘亲炙的，是他的学生，是幸运的；有缘私淑的，同样是他的学生，同样是幸运的。

这本文集是车老师与他的学生的心灵聚会，既亲切，又开放。

人海茫茫，相逢是缘，欢迎你加入我们的聚会。

李连江

2021 年 2 月 1 日

图书在版编目（CIP）数据

哲学与师道/李连江编. --北京：当代世界出版社，2021.5
（2023.2 重印）

ISBN 978-7-5090-1542-1

Ⅰ. ①哲… Ⅱ. ①李… Ⅲ. ①教育哲学-文集 Ⅳ. ①G40-02

中国版本图书馆 CIP 数据核字（2021）第 053824 号

---

书　　名：哲学与师道
出版发行：当代世界出版社
地　　址：北京市东城区地安门东大街 70-9 号
网　　址：http：//www. worldpress. org. cn
邮　　箱：ddsjchubanshe@ 163. com
编务电话：(010）83907528
发行电话：(010）83908410
经　　销：新华书店
印　　刷：北京一鑫印务有限责任公司
开　　本：1092 毫米×889 毫米　1/32
印　　张：9
字　　数：135 千字
版　　次：2021 年 5 月第 1 版
印　　次：2023 年 2 月第 4 次
书　　号：978-7-5090-1542-1
定　　价：49. 00 元

---

如发现印装质量问题，请与承印厂联系调换。